CAPIRE L'AZIENDA

CASI DI MANAGEMENT

PAOLO PIETRO BIANCONE

CAPIRE L'AZIENDA

CASI DI MANAGEMENT

Hanno contribuito:

Silvana Secinaro, Valerio Brescia, Daniel Iannaci,
Davide Calandra, Federico Chmet, Fabio Sansalvadore

IUSTITIAM COLIMUS
G. Giappichelli Editore

VIA PO, 21 - TEL. 011-81.53.111 - FAX 011-81.25.100
http://www.giappichelli.it

ISBN/EAN 978-88-921-3053-1

Stampa: Stampatre s.r.l. - Torino

Lascio agli altri la convinzione di essere i migliori,
per me tengo la certezza che nella vita si può sempre migliorare

Marilyn Monroe

INDICE

I CASI

INTRODUZIONE AL METODO DEI CASI [1]

Il metodo dei casi rappresenta una modalità di approccio alla formazione aziendale e allo sviluppo delle competenze professionali, complementare rispetto alla lezione tradizionale.

La didattica tradizionale di matrice continentale vede idealmente nello studente un secchio vuoto dove il docente deve, nel tempo a disposizione, inserire conoscenza sperando che questa rimanga una volta terminato il periodo di studio della disciplina.

La metodologia dei casi proposta in questo testo invece pone il discente nella condizione "ideale" di secchio pieno di conoscenza da "attivare". Compito del docente è quello di far in modo, attraverso lo sviluppo del caso, di far raggiungere e interpretare le problematiche affinché la conoscenza, approfondita anche sui testi, diventi competenza e possa permanere come bagaglio culturale complessivo del discente.

Il metodo dei casi proposto, individua un percorso metodologico utile per l'analisi di diverse realtà aziendali.

Lo studio e l'analisi dei casi comporta un necessario "team work" in cooperazione con altri pari (*peer* education).

1. Il metodo dei casi – l'approccio

L'approccio che nel presente volume si vuole utilizzare è il seguente:

1. lettura ed analisi del Business Case;
2. approfondimento delle competenze richieste attraverso la consultazione dei manuali istituzionali e di altre fonti informative;
3. discussione in sottogruppo;

---

[1] Di Paolo Pietro Biancone.

4. sviluppo del caso attraverso la predisposizione del "Report" di analisi del caso;
5. eventuale confronto e discussione in plenaria.

Il processo logico è schematizzato nella tavola seguente.

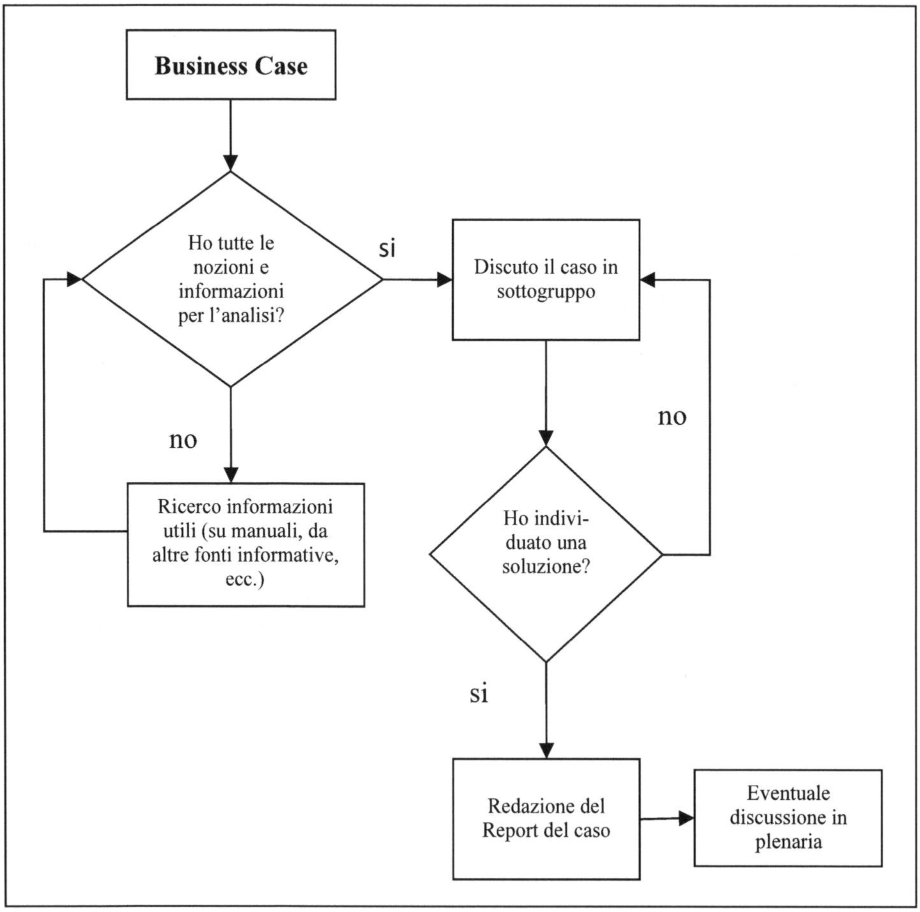

I presupposti per un corretto sviluppo della metodologia di approccio alla attività manageriale tramite l'utilizzo di casi sono di seguito elencati.

1. Rispetto reciproco tra docente e studenti e tra gli studenti.
2. Gli studenti:

a) discutono i casi dopo una buona preparazione (studio del caso, lettura di testi e di altre fonti informative adeguate alla discussione);

b) simulano un comportamento manageriale e sono disposti a prendere in considerazione diversi punti di vista;
c) partecipano e ascoltano attivamente a tutta la discussione nei gruppi e in aula;
d) contribuiscono con idee, analisi, ed esperienze personali;
e) sviluppano commenti e reciproche critiche costruttive e dibattono i diversi punti di vista.

3. Il docente:

a) presenta il caso e gli obiettivi formativi in esso contenuti;
b) indica la traccia di discussione in gruppo che consente ai discenti di analizzare il caso;
c) valuta l'operato dei discenti ed il raggiungimento dell'obiettivo formativo specifico;
d) fornisce feedback sull'operato dei discenti;
e) in caso di discussione in plenaria o in sottogruppi prepara il percorso di confronto, la domanda di apertura, i quesiti per la discussione e i commenti di chiusura; stimola la discussione studente-studente e incoraggia la partecipazione di tutti gli studenti.

2. Il Report di analisi del caso

L'analisi dei Business Case necessita, oltre che di alcune conoscenze di base acquisite sui testi e/o attraverso esperienze lavorative, di un approccio metodologico il quanto più possibile adeguato all'individuazione delle esigenze aziendali ed alla loro risoluzione attraverso scelte coerenti e fondate su presupposti documentabili.

La possibile "traccia" di discussione del caso, di seguito presentata, si propone di fornire una linea guida "universale" per affrontare diverse situazioni aziendali con complessità variabile.

La scheda è costituita da punti principali articolati in sottopunti. Attraverso una corretta e coerente costruzione, la soluzione del "problema aziendale" individuato rappresenta un naturale sviluppo degli elementi presi in considerazione.

In ogni caso è importante sottolineare che le problematiche aziendali generalmente non presentano una unica soluzione; l'obiettivo dei casi è quello di permettere l'analisi delle possibili conseguenze delle diverse soluzioni.

Tav. 1 – *Traccia di svolgimento di un Business Case*

Report

Titolo del Caso
Nome
Data

Riassunto
Un breve riassunto di quello che sta succedendo: chi sta agendo? Perché? Quale è stato il risultato? Utilizzare un formato descrittivo.
Il problema
Una frase concisa. Deve contenere il soggetto che deve agire.
I soggetti
A) Persone:
Nome, titolo, età
Numero di anni di esperienza, se rilevante
Esperienza o influenza
Fatti addizionali se rilevanti
....
Nome, titolo, età
Numero di anni di esperienza, se rilevante
Esperienza o influenza
Fatti addizionali se rilevanti

B) Istituzioni:
Denominazione
Influenza o effetti, se rilevanti
Fatti addizionali
Denominazione
Influenza o effetti, se rilevanti
Fatti addizionali

Eventi
Nome o descrizione
Influenza o effetti
Fatti addizionali, se rilevanti
Cronologia
Che cosa è successo – solo fatti ed eventi (non devono essere riportate valutazioni in questa sezione; invertire l'ordine cronologico; includere le date se possibile).
Oggi............
Ieri..............

Dettaglio degli eventi………………..
L'anno scorso………………………..

Elementi rilevanti
Quali importanti aspetti della situazione in esame sono rilevanti ai fini della soluzione del problema? Quali fattori devono essere tenuti in considerazione per le diverse opzioni?
Elemento principale 1
Elemento secondario
Elemento di dettaglio
Elemento principale 2
Elemento secondario
Elemento di dettaglio
……………………………

Opzioni
Elenco delle possibili azioni da intraprendere (devono essere valutate individualmente).
Opzione Azione 1
Vantaggi
…………..
Svantaggi
…………..
Opzione Azione 2
Vantaggi
…………..
Svantaggi
……………..

Scelta raccomandata
Deve essere indicato chiaramente il percorso prescelto (da una a tre frasi).
Ragionamento e la logica
……………………………

Piano di azione per l'implementazione
Indicare chiaramente e brevemente i passi successivi coinvolti per portare la scelta raccomandata a buon fine.
Passaggio principale
Parte rilevante di un passaggio principale
Dettaglio
Dettaglio
Parte minore di un passaggio principale
Secondo passaggio principale
Parte rilevante di un passaggio principale
Dettaglio

3. Elementi utili per l'analisi e lo sviluppo del caso

Di seguito sono descritti i contenuti dei singoli punti.

1) *Riassunto*

La funzione fondamentale del riassunto del caso è quella di andare a sintetizzare la realtà aziendale presentata, mettendo in evidenza gli aspetti rilevanti che poi risultano utili per lo sviluppo della soluzione; il riassunto non deve contenere valutazioni od interpretazioni degli eventi ma deve rispecchiare fedelmente quella che è la situazione che si presenta. Eventuali arricchimenti possono consistere nella contestualizzazione di elementi non emergenti direttamente dal caso, come l'ambiente generale o specifico ed eventuali caratterizzazioni del settore.

2) *Il problema* (deve contenere anche il soggetto che deve agire)

Questa parte contiene sicuramente uno degli aspetti più difficili nello sviluppo corretto del caso. Così come in realtà aziendali concrete (e non solo simulate) l'aspetto complesso è comprendere e individuare il "vero problema" che poi sarà oggetto di soluzione da parte del soggetto che deve gestire prendendo decisioni.

Con l'individuazione del problema si identifica un percorso naturale di svolgimento del caso che prevede un elevato grado di coerenza.

La definizione del problema non deve essere fatta di impulso, magari tentando di interpretare la finalità del caso (e quindi operando erroneamente facendosi troppo influenzare dalla situazione per come viene presentata e descritta dagli attori in un contesto aziendale) ma dopo un'approfondita discussione tra i partecipanti al gruppo.

Ad esempio, un caso dove viene presentata una azienda con struttura di costi fissi significativi, il problema potrebbe essere legato alla tipologia di business e mercato in cui operare piuttosto che alla flessibilità della produzione.

3) *I soggetti*

L'individuazione degli attori e delle loro responsabilità consente la rappresentazione delle diverse funzioni aziendali e dei diversi ruoli assegnati ai soggetti. La caratterizzazione della squadra di governo aziendale mette in luce le competenze e la propensione del management a prendere decisioni di un certo tipo.

All'interno del paragrafo "soggetti" sono ricomprese anche le istituzioni (società, enti, ecc.) coinvolte nel Business Case. Lo studio delle loro caratteristiche, della struttura e della loro storia può essere determinante nell'individuazione delle possibili soluzioni.

4) *Eventi*

Gli eventi condizionano la gestione delle aziende in quanto determinano dei momenti di discontinuità rispetto al normale svolgimento delle attività. Identificare ed analizzare i momenti principali consente di contestualizzare le decisioni aziendali prese nel corso del tempo.

5) *Elementi rilevanti*

Per quanto riguarda la definizione degli elementi principali è necessario fare una selezione tra le tante informazioni presenti e quelle che poi risultano utili per prendere delle decisioni. Anche in questo caso l'ordine di elencazione deve essere coerente con lo sviluppo del caso. Se tra gli elementi importanti vi sono ad esempio strutture di costi, nuovi investimenti o il lancio di un nuovo prodotto, deve essere indicato per primo quello/i che consente di completare con efficacia il ragionamento logico relativo alla soluzione. È da ricordare che il management non è una "scienza esatta" dove vi è un'unica soluzione corretta ma esistono diverse soluzioni possibili compatibili con lo scenario di riferimento. Il buon manager, attraverso una metodologia corretta, si propone di individuare e proporre la soluzione migliore che consentirà all'azienda di perpetuare la sua funzione strumentale di produzione di beni e servizi per il soddisfacimento dei bisogni umani. Ad esempio se il problema è "Martina deve scegliere il nuovo smartphone da comperare" gli elementi rilevanti potrebbero essere 1) Fascia prezzo intorno ai 400€, 2) fotocamera di elevata qualità, 3) nuovo, 4) colore azzurro. La decisione da implementare dovrà quindi tenere in considerazione le priorità espresse negli elementi rilevanti ed essere coerente con esse.

6) *Opzioni*

Il paragrafo "opzioni" contiene l'elenco delle possibili azioni da intraprendere sottolineandone individualmente i vantaggi e gli svantaggi. Al fine di operare un percorso di scelta corretta è necessario individuare più opzioni ed analizzare con il dovuto approfondimento gli elementi positivi e negativi avendo cura di non "affezionarsi" ad una soluzione di impulso ma rendendo oggettivo il processo di scelta.

7) *Scelta raccomandata*

La scelta raccomandata rappresenta la "soluzione" al caso, dove devono essere esplicitate con chiarezza le motivazioni che accompagnano la decisione. Ovviamente per coerenza, la scelta raccomandata è la prima tra le opzioni precedentemente indicate.

8) *Piano d'azione*

L'ultima fase dello sviluppo del Business Case è la più articolata e complessa.

Essa individua tutti i passi per implementare la decisione ed è volta alla completa risoluzione del problema. È importante rilevare che il piano d'azione deve essere concreto, sostenibile con le risorse attuali o potenziali dell'azienda e deve essere corredato da una valutazione dei rischi che consenta di identificare gli eventuali fattori critici.

Un piano d'azione contiene una articolazione in fasi e un dettaglio dei singoli passi rilevanti.

I CASI

1. QUESTIONE DI LINGUA O DI FONDAMENTALI? [1]

1. Il dott. Saad

Saad, neo laureato in economia, viene assunto come addetto crediti nella filiale della banca di credito cooperativo di una città del Nord-Ovest.

Saad è nato e vissuto in Egitto per 18 anni, si è trasferito in Italia per studiare Economia, seguendo le orme dei due fratelli che lavorano con soddisfazione come tecnici del settore delle costruzioni.

Saad è madrelingua arabo e conosce molto bene oltre all'italiano anche il francese.

È stato assunto dalla banca di credito cooperativo perché nelle strategie di sviluppo del territorio, la direzione generale ha pensato che per attrarre la clientela straniera in Italia è opportuno avere nel proprio organico personale in grado di parlare correntemente la stessa lingua.

2. Il territorio di riferimento

La banca di credito cooperativo opera nella regione con 35 filiali che raccolgono risparmi ed erogano finanziamenti alle imprese e alle famiglie. Una parte significativa delle filiali opera in zone che storicamente sono abitate da immigrati, prima provenienti da altre regioni d'Italia, ora da residenti provenienti da Paesi del Mediterraneo (Tunisia, Marocco, Egitto, ecc.).

---

[1] Di Paolo Pietro Biancone.

3. Il MKT e le sue idee

Il dott. Tentoni, responsabile marketing della banca, ha i dati Istat sotto mano: al 1° gennaio 2014, i cittadini non comunitari regolarmente presenti in Italia sono 3.874.726, circa 110 mila unità in più dell'anno precedente. I Paesi d'origine maggiormente rappresentati in Italia sono Marocco (524.775), Albania (502.546), Cina (320.794), Ucraina (233.726) e Filippine (165.783), 5 comunità che insieme costituiscono oltre 45% del totale degli stranieri presenti. Per giunta, degli oltre 708 mila imprenditori stranieri presenti in Italia, il Marocco è il Paese di provenienza che ne conta il maggior numero: 72.014; segue la Romania, con 67.266 e, subito dopo, la Cina, con 66.050.

È sempre più convinto, quindi, che l'iniziativa intrapresa di assumere personale straniero darà uno sviluppo significativo alla penetrazione sul territorio, soprattutto per i nuovi residenti di origine straniera, che sviluppano elevata capacità imprenditoriale e, quindi, nuovi potenziali clienti. Tentoni per non rischiare di non raggiungere gli obiettivi, ha anche costituito un team con rappresentanti di tutte le filiali coinvolgendo Saad ed altri colleghi neo assunti.

Dopo alcuni mesi dal lancio dell'iniziativa "La banca parla la tua lingua" i risultati sono però deludenti.

Il numero di nuovi correntisti è estremamente limitato e soprattutto nessuno che utilizza i prodotti di finanziamento a tasso agevolato per le nuove imprese.

Tentoni decide di convocare subito un meeting per sapere dai collaboratori che cosa non ha funzionato. Tra gli elementi di criticità ritiene forse che la campagna pubblicitaria non sia stata sufficientemente aggressiva e che il settore vendite non sia stato adeguatamente motivato.

4. La finanza islamica[2] ... un approccio diverso

Saad alla fine degli studi superiori aveva fatto uno stage di tre mesi in una filiale della Halal Bahrein Islamic Bank in Egitto, dove aveva maturato

[2] La finanza islamica, pur rappresentando solo l'1% del settore finanziario globale, sta diventando sempre più rilevante in ambito internazionale a seguito della sua rapida espansione, in termini sia numerici che geografici: come già indicato è cresciuta del 10-15% l'anno, assumendo grande importanza specialmente in alcuni Paesi come l'Iran, la Malesia e l'Arabia Saudita.

un'esperienza preziosa nel campo del sistema finanziario islamico.

Il responsabile Mkt dott. Tentoni, avendo riletto il suo curriculum, decide di chiedergli una relazione sui risultati della campagna "la banca parla la tua lingua" e sulle proposte per attrarre risparmiatori e imprenditori musulmani.

Saad durante il week end lavora sodo e costruisce un report anche grazie agli appunti presi durante il periodo di stage.

Chiamato ad esporre in sintesi il report, Saad esordisce così: "Le motivazioni dell'insuccesso del piano di sviluppo nei confronti degli stranieri è che i prodotti offerti non sono adeguati e compatibili con la cultura islamica". Con questa frase l'attenzione del dott. Tentoni si desta e la sua espressione diventa tesa: "Ma come? abbiamo dei prodotti innovativi ed estremamente convenienti e poi gli addetti conoscono la lingua...".

"Non è un problema di convenienza dei prodotti – ribatte Saad –, è che questi prodotti non sono compatibili con la Sharia[3] e, di conseguenza, la popolazione musulmana non li può utilizzare".

Il dott. Tentoni è dubbioso, ma nello stesso tempo curioso e desideroso di spiegazioni su quali possano essere i prodotti compatibili con le esigenze e la cultura della popolazione musulmana.

Saad continua la sua presentazione, illustrando le diverse tipologie di prodotti di una banca islamica: nella Sharia sono vietati gli interessi (Riba) considerati usura; tutti i prodotti devono essere quindi senza interessi attivi e o passivi. Inoltre vi è il divieto di eccessiva incertezza e di comportamenti speculativi (Garar e Maysir).

I risparmi possono essere raccolti nei conti di deposito e nei conti di investimento. I primi non fruttano interessi per il correntista, ma possono attribuire dei vantaggi quali servizi di pagamento (bancomat, ecc.). Attraverso i conti di investimento, invece, il correntista investe in attività a rischio insieme alla banca e beneficia degli eventuali proventi dagli investimenti effettuati.

Dal lato degli strumenti, per aiutare finanziariamente le famiglie e le imprese, i prodotti tradizionali sono l'acquisizione dell'abitazione tramite un contratto simile all'affitto con riscatto e la partecipazione al capitale di rischio. La famiglia che vuole comprare la casa, ma non ha la disponibilità comples-

[3] La *Sharia* ("via maestra per giungere alla salvezza"), la cui fonte principale è il Corano, è la Legge Islamica, base incontestabile del diritto. Essa stabilisce le regole e i principi che ogni individuo musulmano deve seguire in ogni settore (religioso, socio-economico, politico e culturale), indicando la "strada da seguire" e regolando non solo il rapporto tra l'uomo e la divinità ma anche il rapporto tra gli uomini.

siva, stipula con la banca un contratto simile all'affitto a riscatto per cui la banca acquista la casa e la dà in affitto alla famiglia che l'acquisisce attraverso i canoni di affitto pagati per la durata del contratto. Tale contratto è lecito perché non prevede la corresponsione degli interessi (come nel mutuo), ma di canoni di locazione tali da consentire al contraente di avere subito la disponibilità del bene.

Per quanto riguarda il supporto finanziario all'attività di impresa, il finanziamento tradizionale (con interessi) non è previsto: di solito la "banca islamica" fornisce risorse a titolo di capitale di rischio e, quindi, diventa partner dell'impresa condividendone i risultati positivi e negativi.

Esistono poi altre tipologie di contratti utilizzati per soddisfare le esigenze di capitale circolante sia delle famiglie che delle imprese.

Nella tabella seguente è riportato il confronto con la banca tradizionale.

Esigenza	Banca Tradizionale	Banca Islamica
Deposito in conto corrente	Conto corrente (fruttifero di interessi)	Conto corrente (non fruttifero) Conto di investimento (condivisione profitti e perdite)
Acquisto casa	Mutuo	Affitto a riscatto
Finanziamento circolante	Finanziamento con interessi	Finanziamento senza interessi (sono previste commissioni fisse)

Tre sono i possibili modelli con cui una banca islamica può operare:

- banca islamica pura, cioè una banca indipendente che opera esclusivamente secondo i principi della Sharia;
- "islamic windows", cioè sportelli islamici all'interno delle banche tradizionali occidentali che offrono prodotti finanziari Sharia-compliant per attrarre un maggior numero di clienti e ampliare il portfolio di prodotti offerti;
- filiale o succursale di una banca convenzionale, un'unità creata ad hoc all'interno di una banca convenzionale che offre esclusivamente prodotti finanziari islamici.

La praticabilità delle ultime due opzioni è subordinata, almeno sul piano teorico, al rispetto dell'obbligo di separazione dei fondi islamici da quelli provenienti da attività bancarie di tipo convenzionale, incluso il capitale.

5. Fare o non fare?

Il dott. Tentoni ha capito la lezione e prova a riordinare le idee per riferire al direttore generale sul piano strategico da adottare per poter essere competitivi in un mercato nuovo ed emergente, quale quello islamico. Al circolo del tennis ha, infatti, incontrato un collega di un'altra banca che gli ha raccontato di come la loro istituzione si sta attrezzando per soddisfare la nuova domanda in un'ottica di compatibilità alla Sharia.

2. COMUNE DI BETTISNAGO [1]

Sommario: 1. Una Città con una grande storia. – 2. I numeri e i progetti. – 3. Far quadrare i conti con il consenso.

1. Una Città con una grande storia

Bettisnago è la terza città più grande della regione, ma, considerando l'area metropolitana, è seconda dopo il capoluogo. La città sorge alla confluenza di due fiumi ed è composta da un centro storico e da un centro commerciale situato in un'area semicentrale ai piedi delle quattro colline che caratterizzano il paesaggio della città.

Secondo la leggenda, Bettisnago fu fondata dal Re Nepote e dal Principe Ludovico. Gli scavi realizzati nel quartiere centrale hanno dimostrato che il sito era occupato ben prima della fondazione della città romana. Nel II secolo a.c. un insediamento urbano si trovava già sulle colline ad ovest del fiume e costituiva un nodo di particolare importanza per il traffico delle merci con il mondo mediterraneo.

Lo sviluppo della città fu favorito dalla sua posizione strategica, sulla via di accesso alla nazione ed in corrispondenza della confluenza dei due fiumi ed inoltre dal suo statuto di città romana.

Negli anni ci sono stati periodi di pace e tranquillità, durante i quali la città ha conosciuto il massimo benessere e sviluppo grazie al grande flusso di merci e persone che vi transitavano. Questi periodi proliferi si alternavano a periodi in cui ha dovuto subire la dominazione di arabi, prima, e spagnoli, poi, e in seguito il passaggio sotto vari regni sino ad arrivare all'Unità d'Italia. Ciò ha provocato la distruzione di gran parte degli antichi edifici di epoca romana; tuttavia ha anche favorito una mescolanza di culture che ancora oggi caratterizza la città nella sua architettura, nella cucina e nel dialetto

[1] Di Paolo Pietro Biancone.

rappresentando la componente fondamentale della sua ricchezza e della sua apertura verso l'esterno.

A cavallo tra fine dell'800 e inizio '900 vennero aperte le prime fabbriche che attirarono un gran numero di persone prima dedite al lavoro nelle campagne circostanti; pertanto in poco tempo la città raddoppiò di dimensioni, venne creato un gran numero di case popolari e fu necessario implementare un primo sistema di mezzi pubblici che favorisse il trasporto degli operai alle fabbriche.

Negli anni 1960-'70, come nel resto della Regione, crebbe ulteriormente il numero degli abitanti e furono costruiti nuovi quartieri di abitazioni in periferia.

La modernizzazione venne attuata con grandi lavori urbanistici, come la realizzazione di un quartiere degli affari, il tunnel che oltrepassa la collina e la costruzione della metropolitana (inaugurata nel 1999).

2. I numeri e i progetti

I rendiconti degli ultimi due esercizi ed il bilancio preventivo[2] 2018 del Comune di Bettisnago, sono in sintesi i seguenti:

[2] Prima dell'inizio di ogni anno solare (il cosiddetto esercizio) il Consiglio Comunale approva il bilancio di previsione che è lo strumento di pianificazione e gestione economica finanziaria di un Comune. In esso vengono dettagliate tutte le entrate e le spese dell'ente divise in parte corrente e parte in conto capitale. Il bilancio di previsione serve per programmare tutte le attività del Comune e per destinare risorse ai servizi erogati dallo stesso; viene redatto dagli assessori, ognuno per il proprio ambito di competenza, e viene approvato prima dalla Giunta (che approva lo schema di bilancio) e poi in via definitiva dal Consiglio Comunale. I contenuti, la sua struttura e il processo di stesura del bilancio sono normati per legge. Ad esercizio terminato viene approvato invece, sempre dal Consiglio Comunale, il Rendiconto della gestione, ossia il consuntivo di tutta la gestione finanziaria dell'ente.

Entrate	**Rendiconto 2018**	**Rendiconto 2019**	**Preventivo 2020***
Tributarie	380	375	....
Trasferimenti	60	56	50
Extratributarie e diverse	211	206	204
Dismissioni	0	0	....
Dividendi	12	12	15
Totale	663	649	....
Spese			
Personale	240	237	236
Beni e Servizi	110	105	108
di cui in conto capitale			....
Trasferimenti	54	51	51
Servizi da aziende	130	124	124
Imposte e Tasse	14	14	14
Rate Mutui (interessi e quota capitale)	115	118	118
Totale	663	649	....
Avanzo di gestione	–	–	
Totale a pareggio	663	649	....

* Le poste sono oggetto di discussione in seno al Consiglio comunale.

Bettisnago ha una forte vocazione universitaria per la quale tutta la cittadinanza è molto orgogliosa. In tema di università, nei prossimi 5 anni, è previsto un consistente incremento degli iscritti (soprattutto fuori sede) e di conseguenza il Comune sta predisponendo un aumento della capacità ricettiva attraverso la ristrutturazione di ostelli e dormitori adeguati per le nuove esigenze; la stima degli investimenti è pari a 15 milioni di euro per ciascuno dei prossimi 2 anni. In parallelo a questo, ai fini di collegare maggiormente la periferia molto popolata al centro è in fase di decisione un piano di ampliamento della linea metropolitana da due a tre linee. L'investimento complessivo dell'opera è di 100 milioni di euro e potrà essere realizzata in 5 anni.

3. Far quadrare i conti con il consenso

I conti del Comune destano però qualche preoccupazione al Sindaco e ai suoi assessori in quanto l'indebitamento accumulato è abbastanza significativo e i tagli ai trasferimenti negli anni si sono fatti sentire. Il Consiglio comunale più volte si è riunito per verificare eventuali opzioni in modo da poter operare nel rispetto del patto di stabilità pur continuando a fare importanti investimenti per rendere la città sempre più attraente e vivibile.

Il Consiglio si prefigge infatti di individuare la strada migliore per conciliare la realizzazione di tali investimenti con il mantenimento degli equilibri di bilancio a preventivo e a consuntivo.

A tal proposito l'assessore al bilancio dott. Manfredi da tempo sta valutando le diverse opzioni a disposizione da proporre:

- Aumento delle imposte, in particolare l'incremento dell'aliquota relativa alle imposte dirette e all'imposta sulla casa, l'incremento previsto delle entrate sarebbe del 6% rispetto all'anno precedente. Ciò però potrebbe avere ripercussioni sui consumi delle famiglie e sullo sviluppo della città.
- Dismissioni di attività; da tempo si è diffusa l'idea che ha riscosso un crescente numero di estimatori in Consiglio, ovvero quella di dismettere ("privatizzare") alcune partecipate non più strategiche (ad esempio la gestione dei parcheggi e la società acquedotto). Per riuscire a renderle appetibili agli investitori privati è però necessario provvedere ad alcune operazioni quali l'aumento delle aree di parcheggio a pagamento e l'innalzamento delle tariffe richieste (facendo attenzione al consenso popolare che in questi casi è molto limitato).

Il portafoglio delle partecipazioni detenute dal Comune è riepilogato nella seguente tabella (dati in Euro).

Partecipata	**Azienda smaltimento rifiuti**	**Azienda acquedotto**	**Azienda parcheggi**
Patrimonio netto	20 milioni	43 milioni	12 milioni
Fatturato	100 milioni	150 milioni	30 milioni
Risultato ultimo esercizio	– 1,2 milioni	6 milioni	4 milioni
Numero di dipendenti	800	280	100
Valore economico nelle condizioni attuali	25 milioni	60 milioni	12 milioni
Valore economico con operazioni di miglioramento	25 milioni	60 milioni	35 milioni

Esistono altre alternative come ad esempio la modifica del piano regolatore tale da permettere la cessione delle aree attualmente a destinazione agricola ed inutilizzate attraverso la loro riqualificazione ad aree edificabili.

	Zona 1	**Zona 2**
Coefficiente di edificabilità (attuale)[3]	0,03 mc/mq	0,03 mc/mq
Valore in caso di cessione	20 €/mq	25 €/mq
Coefficiente di edificabilità (modificato)	1 mc/mq	2 mc/mq
Valore in caso di cessione	150 €/mq	250 €/mq
Ettari disponibili	10 ettari	6 ettari

Sono inoltre al vaglio ulteriori possibilità che contemplano mix delle diverse alternative.

[3] Se un terreno di 1.000 mille metri quadrati (mq) ha un coefficiente di edificabilità pari ad 1 mc/mq, su tale terreno sarà possibile costruire un edificio di 1.000 metri cubi (mc).

3. LIBRILET [1]

Sommario: 1. La biblioteca civica. – 2. L'equilibrio economico-finanziario e la qualità dei servizi. – 3. I progetti nel cassetto.

1. La biblioteca civica

La biblioteca civica Librilet è una vera e propria istituzione del quartiere. È stata inaugurata negli anni '50 nella sede del dopolavoro ferroviario e successivamente acquisita e ristrutturata dal Comune.

Le aree in cui si articola la biblioteca sono:

Area 1	Libri articolati in categorie
Area 2	Quotidiani
Banche dati	Internet wi-fi
Emeroteca	Riviste

La biblioteca copre una superficie di 600 mq articolati su due livelli. Il personale è composto dal seguente organico:

- 1 direttore;
- 1 amministrativo;
- 6 addetti sale (cooperativa);
- 1 addetto alle pulizie (ditta esterna).

Gli orari di apertura sono lun-ven 8,30-17,30, sabato 8,30-13,30 domenica chiuso; chiusura mese di agosto e durante le vacanze di Natale.

---

[1] Di Paolo Pietro Biancone.

La struttura dei costi dello scorso anno è stata la seguente:

	Costo €
Personale	60.000
Addetti sale (cooperativa)	110.000
Pulizie	15.000
Banche dati	20.000
Wi-fi e servizi digitali	10.000
Utenze e riscaldamento	15.000
Nuove acquisizioni di libri	50.000
Riviste	10.000
Quotidiani	4.000
Manutenzioni	10.000
Totale	304.000

I costi dei locali non sono indicati in quanto di proprietà del Comune e concessi senza contropartita.

2. L'equilibrio economico-finanziario e la qualità dei servizi

A seguito della revisione delle contribuzioni, il fondo di dotazione a disposizione della direzione per la copertura dei costi è ridotto del 5% rispetto all'anno precedente e questo comporta una rivisitazione delle spese in ottica di contenimento dei costi.

La direzione ha inoltre convocato il Consiglio di circoscrizione per acquisire un parere sulla percezione dei servizi offerti e per avere dei suggerimenti su come migliorare i servizi.

I risultati della consultazione sono riassunti nella tavola seguente.

	Ottimo	**Buono**	**Sufficiente**	**Insufficiente**
Orari			x	
Qualità delle nuove acquisizioni	x			
Servizi wi-fi		x		
Qualità generale		x		

Uno degli elementi sottolineati è la limitazione degli orari. Alcuni utenti, soprattutto studenti universitari, spesso utilizzano la biblioteca come sala studio e gradirebbero orari di apertura anche pre-serale (fino alle 20-20,30) come accade nelle altre biblioteche della Città.

La riduzione di orario era stata decisa a malincuore alcuni anni fa a seguito del taglio delle risorse disponibili e della concomitanza di uscite straordinarie derivanti da spese di manutenzione impreviste.

Anche il direttore pensa che gli orari di apertura siano una priorità, ma si trova in difficoltà a far quadrare i conti.

Per avere un supporto, oltre che al suo responsabile amministrativo, chiede consiglio a Marcello, suo amico della montagna che ha fatto una brillante carriera come dirigente sanitario in una Asl della città e conosce bene i problemi relativi agli enti pubblici.

Gli scenari individuati sono di seguito riportati.

Scenario 1	Orari fissi come lo scorso anno con una riduzione di acquisto di libri e riviste.
Scenario 2	Ampliamento dell'orario fino alle 20,30 (con costo del personale proporzionato agli orari di apertura), riduzione acquisto periodici e libri (massiccia), limitazione banche dati (ad esempio 1 accesso alla volta).
Scenario 3	Allungamento orari fino alle 19 (con costo del personale proporzionato agli orari di apertura) e taglio periodici.

3. I progetti nel cassetto

Il direttore si è poi ricordato del progetto, studiato qualche anno fa, di far installare dei tornelli automatici per registrare l'ingresso e l'uscita delle persone. Tale attrezzatura consentirebbe di ridurre il personale presente nelle diverse fasce orarie e poterlo distribuire su un periodo più ampio.

L'implementazione del progetto potrebbe rappresentare un ulteriore scenario. I dipendenti della cooperativa sarebbero disponibili anche se con una richiesta di aumento del corrispettivo del 5% (per il disagio dell'orario preserale).

L'installazione del tornello automatico potrebbe essere fatta nel periodo di chiusura Natalizia senza intralciare il lavoro della biblioteca. Da un punto di vista economico, a suo tempo, erano stati richiesti diversi preventivi riportati nella tabella seguente (da una prima verifica sono considerabili ancora attuali).

	Costo	Rateizzazione	Costo per singolo pass	Garanzia
Preventivo 1	30.000	5 anni	0	2 anni
Preventivo 2	40.000	8 anni	0	5 anni
Preventivo 3	20.000	5 anni	1€ per utente*	

* Da corrispondersi nell'anno di primo utilizzo del singolo pass.

Gli utenti che usufruiscono del servizio di biblioteca sono circa 7.000.

Le preoccupazioni della direzione nell'analizzare i diversi scenari aumentano.

Il direttore sa molto bene che le scelte di quest'anno possono condizionare anche il futuro (soprattutto nell'acquisto di pubblicazioni) e che è molto importante mantenere l'elevata qualità di servizio attualmente riconosciuta dagli utenti.

4. TEMPERIA [1]

Sommario: 1. L'associazione e la passione per il tennis. – 2. È sempre un problema di costi. – 3. Le spese straordinarie e la soddisfazione degli utenti. – 4. I consigli e le soluzioni.

1. L'associazione e la passione per il tennis

Il circolo del tennis Temperia è da diversi anni uno dei più frequentati della città. Si tratta di un'associazione sportiva fondata nel dopoguerra che ha sede in Largo Morganti nel Comune di Vivoben.

Il circolo venne fondato da un gruppo di industriali che durante il fine settimana si divertivano a ritrovarsi per disputare qualche partita nel campo che essi stessi avevano provveduto a costruire in uno spiazzo vicino alle loro villette. Pochi anni dopo la fondazione il circolo crebbe velocemente per numero di soci, grazie anche alla costruzione di altri due campi nel 1954 e all'organizzazione di tornei di livello regionale, in collaborazione con i circoli delle città vicine.

Negli anni '70 il circolo divenne famoso a livello nazionale per essere stato il club in cui il famoso tennista Fabio Terrani, nella top ten italiana dal 1975 al 1982, iniziò a praticare questo sport.

Il circolo presenta attualmente le seguenti caratteristiche.

Caratteristiche	N.	Note
Soci	170	
Campi da tennis	9	
Di cui in terra battuta	6	Necessitano di elevata manutenzione, ma sono molto graditi dai soci
Di cui in cemento	3	Bassi costi di manutenzione utilizzati solo quando quelli in terra battuta sono occupati
Bar	1	Gestione esterna
Sauna e piscina	1	Da rinnovare

[1] Di Paolo Pietro Biancone.

I soci pagano una quota annua di 1.000 Euro e hanno diritto all'accesso ai campi da gioco su prenotazione, oltre all'utilizzo della piscina e della sauna.

Il circolo è aperto anche ai non soci e questo permette di arrotondare le entrate e soprattutto di aumentare il grado di utilizzo degli impianti (sottoutilizzati soprattutto negli orari 9-13).

Questi ultimi possono utilizzare gli impianti quando non sono prenotati dai soci.

Le tariffe orarie per i non soci sono le seguenti[2]:

Campo in cemento	10 €
Campo in terra battuta	15 €

2. È sempre un problema di costi

La gestione del complesso sportivo ha dei costi abbastanza elevati a causa della manutenzione dei campi in terra battuta che necessitano di personale specializzato al fine di mantenerli in perfetta efficienza.

Il responsabile del centro è il Sig. Perani, noto tennista degli anni '80, che è subentrato da qualche anno nella gestione del complesso sportivo.

La struttura dei costi (più o meno stabile negli ultimi esercizi) è schematizzata nella tabella seguente:

Costi	
Spese affitto	70.000
Spese pulizia	17.000
Spese manutenzione ordinaria	40.000
Spese giardinaggio	10.000
Concessioni e tasse	8.000
Personale e amministrazione	55.000
Energia elettrica, gas riscaldamento, acqua potabile	35.000
Spese varie	5.000
Totale	240.000

[2] Le tariffe si riferiscono al periodo estivo. Durante il periodo invernale vengono montate delle tensostrutture i cui costi di installazione e gestione vengono interamente compensati dall'aumento delle tariffe per i non soci.

La struttura dei ricavi è la seguente:

Ricavi	
Ricavi da quote	170.000
Ricavi da ingresso a fondo perduto[3]	20.000
Ricavi da contributo bar	10.000
Ricavi da "esterni"	40.000
Totale Ricavi	240.000

Le tariffe definite sono state stabilite alcuni anni fa nel momento del subentro della nuova gestione e sono ritenute tutto sommato in linea con la concorrenza degli altri circoli.

Il bar è gestito esternamente e il contratto triennale prevede, in cambio di prezzi bassi ed una buona qualità, una contribuzione fissa a beneficio del circolo pari a 10.000 Euro.

3. Le spese straordinarie e la soddisfazione degli utenti

Perani è preoccupato per il rischio di perdere soci e per alcune spese straordinarie non rimandabili (tinteggiatura locale piscina e rinnovo legni sauna per un totale di circa 25 mila Euro) e da qualche mese sta ragionando in stretto contatto con il dott. Romanco che è il commercialista che segue l'attività di rendicontazione.

Per comprendere le esigenze degli associati Perani ha inviato via mail un questionario per la valutazione del servizio; i risultati sono riportati nella tavola seguente.

---

[3] Al momento dell'iscrizione di un nuovo socio al circolo, egli è tenuto a versare, oltre alla quota associativa annuale, una quota a fondo perduto pari a 1.000 €. Nel caso in cui un socio decidesse di uscire dal circolo, e successivamente volesse rientrarvi, sarà tenuto a versare nuovamente la quota a fondo perduto.

Valutazione [4]	
Grado di soddisfazione complessiva	3,5
Qualità dei servizi	4
Orari di apertura	2
Livello di pulizia	3
Costi	3

Una sezione del questionario è stata lasciata ai suggerimenti liberi. Quelli più frequenti sono stati i seguenti:

- aumentare gli orari di apertura soprattutto nei mesi estivi attraverso l'eliminazione del giorno di riposo;
- eliminazione della quota a fondo perduto per incentivare l'ingresso di nuovi soci. In effetti la quota a fondo perduto era stata inserita non tanto per aumentare significativamente le entrate ma per evitare la fuoriuscita di soci, o meglio la loro variabilità nel tempo a fronte di costi fissi stabili.

4. I consigli e le soluzioni

Il Commercialista, facendosi aiutare dal giovane collaboratore di studio, si è messo all'opera per tentare di definire i possibili scenari e le conseguenti valutazioni di tipo economico. Il gestore, da parte sua, sta valutando la possibilità di ridurre i costi, avendo ben in mente che l'obiettivo dell'associazione è offrire un servizio di qualità a prezzi equilibrati senza però dover sostenere delle perdite di gestione.

Alcune idee suggerite dal professionista, per migliorare l'equilibrio economico e attrarre nuovi soci, sono le seguenti:

- aumento della quota annuale del 5%;
- riduzione, da sei a tre, del numero di campi in terra battuta a favore di quelli in cemento (con un taglio dei costi di manutenzione del 50%); il costo per la trasformazione è di circa 3 mila euro per campo;
- aumento delle tariffe per giocatori esterni al circolo (10-15%);

[4] Da 1 (insufficiente) a 5 (ottimo).

- aumento degli orari di apertura (con costi aggiuntivi stimabili in 20.000 euro);
- eliminazione della quota a fondo perduto.

Le soluzioni prospettate piacciono a Perani che però rimane preoccupato relativamente a scelte difficilmente reversibili e alla reazione degli associati all'incremento delle quote, senza dare in cambio maggiori servizi.

5. KEFORM [1]

Sommario: 1. Ognuno ha le sue passioni. – 2. Il piano economico ed il fabbisogno finanziario. – 3. Gli accordi e la forma giuridica.

1. Ognuno ha le sue passioni

Tre compagni di università decidono di sviluppare insieme una attività economica. Mario, da sempre appassionato di videogame, è molto bravo nella progettazione e realizzazione di programmi di gioco ed ha spesso collaborato con alcune software house per la realizzazione di giochi, ora in distribuzione per le game-station più diffuse.

Michele è invece un venditore nato. Già da piccolo ha sviluppato la passione per il commercio e nel corso degli anni ha sistematicamente realizzato e venduto gli appunti delle lezioni sia alle superiori che all'università.

Mauro è l'amministrativo del gruppo, ordinato, preciso e da sempre votato al tenere i conti. I suoi studi di ragioneria alle superiori hanno avuto uno stimolo deciso sulle sue attitudini.

Adesso sono arrivati al momento decisivo e supportati dallo zio di Michele, Dottore commercialista, devono decidere quale forma giuridica adottare e come organizzare la gestione dell'azienda.

2. Il piano economico ed il fabbisogno finanziario

Insieme hanno individuato i seguenti dati economici prospettici (non sono inclusi nella previsione economica i compensi ai tre soci per l'attività lavorativa svolta, es. compensi amministratori).

---

[1] Di Paolo Pietro Biancone.

Conto Economico Previsionale

In migliaia di Euro	**Anno 1**	**Anno 2**	**Anno 3**
Ricavi di vendita	60	110	130
Costi per locali (compreso utenze)	15	15	15
Costi per attrezzature (noleggi e ammortamenti)	20	28	35
Costi amministrativi	5	6	7
Altri costi	4	4	4
Oneri finanziari *	3	3	3
Risultato ante imposte	13	54	66

* Nel caso di assunzione di un finanziamento.

I tre amici lavorerebbero con i seguenti impegni:

- Mario full time;
- Michele full time;
- Mauro part time.

I genitori di Mauro hanno una piccola attività commerciale che vorrebbero un giorno lasciare ai due figli (Mauro e Riccardo) e quindi hanno piacere che Mauro partecipi alla gestione, almeno da un punto di vista amministrativo.

Nel piano finanziario l'impiego di risorse non è molto elevato; ad una prima analisi possono essere sufficienti 30 mila Euro e poi un finanziamento bancario di altri 30 mila.

Un amico di Mario che lavora in banca, su loro richiesta, ha provato a verificare la possibilità di accendere un finanziamento.

Nel definire il contratto elemento centrale sono le garanzie. Sia nel caso di società di persone che di capitali sono richieste delle fidejussioni da parte dei genitori dei tre ragazzi.

Le disponibilità dei partecipanti sono le seguenti.

	Risparmi	**Fidejussioni**
Mario	7.000	Si
Michele	16.000	No
Mauro	10.000	Si

3. Gli accordi e la forma giuridica

I giovani colleghi sono molto affiatati ma sanno bene che è importante definire a priori le regole di funzionamento, onde evitare poi di trovarsi in difficoltà con dissidi nel momento in cui sorgono i primi problemi.

Lo zio commercialista ha suggerito le seguenti forme giuridiche:

Forma giuridica	**Responsabilità dei soci**	**Compenso amministratori**	**Ripartizione degli utili**	**Imposte a carico della Società**
Srl	Limitata	Proporzionale al lavoro, definito in sede assembleare	Proporzionale al capitale conferito	Irap e Ires
Snc	Illimitata	–	Proporzionale al capitale conferito salvo diversa definizione statutaria	Irap

Lo zio commercialista è inoltre disponibile a sottoscrivere il 51% del capitale (nel caso di costituzione di una Srl); in tal caso non sarebbe più necessario il finanziamento bancario, ma la presenza di un socio di maggioranza potrebbe influenzare molto la gestione.

6. PARAFARMACIA ROSSI [1]

Sommario: 1. Il dott. Rossi e la Parafarmacia. – 2. L'attività economica e la situazione patrimoniale. – 3. I risparmi e la verifica degli equilibri.

1. Il dott. Rossi e la Parafarmacia

Il dott. Rossi, proprietario da un anno di una parafarmacia, dopo aver letto sul giornale di alcune difficoltà affrontate da colleghi, vuole comprendere più da vicino se la sua attività è dotata degli equilibri economico-finanziari e patrimoniali di cui ha sentito parlare dal figlio studente in economia.

Eugenio Rossi, laureato in farmacia negli anni '80, ha sempre lavorato in farmacie comunali prima come farmacista collaboratore poi come direttore (con una remunerazione annua lorda di circa 80 mila € annua). Ultimamente aveva deciso di mettersi in proprio acquistando una farmacia, ma purtroppo le opportunità valutate non sono state compatibili con le risorse finanziarie a disposizione.

La scelta della parafarmacia tuttavia non è stata un ripiego anche perché è localizzata in una zona in forte sviluppo e la clientela certo non manca.

La Parafarmacia è organizzata sostanzialmente in due reparti: farmaci OTC e prodotti cosmetici. Oltre al titolare vi lavorano un farmacista collaboratore e un magazziniere.

2. L'attività economica e la situazione patrimoniale

Durante l'esercizio la parafarmacia ha registrato le seguenti operazioni:

- costo delle merci vendute € 248.000;
- vendite di medicinali e prodotti cosmetici per € 472.000;

[1] Di Paolo Pietro Biancone.

- retribuzioni e contributi € 76.000 [2];
- costi per prestazioni di servizi (luce, riscaldamento, telefono, ecc.) € 6.000;
- plusvalenza dalla vendita di locale ad uso magazzino (acquisito insieme ai locali della parafarmacia e, non essendo necessario, subito ceduto al titolare del negozio attiguo): € 15.000;
- interessi passivi: € 30.000;
- le quote di ammortamento risultano essere per gli immobili € 11.000, per i mobili e gli arredi: € 17.000;
- oneri diversi di gestione € 2.000;
- Irap € 7.000.

L'inventario patrimoniale alla fine dell'anno è dunque così composto:

- Medicinali, prodotti cosmetici e affini in giacenza valutati al costo: € 52.000;
- Saldo del c/c bancario: € 12.000;
- Disponibilità liquide in cassa: € 3.000;
- Crediti verso circuito carte di credito: € 8.000;
- Debiti verso fornitori: € 26.000;
- Debiti verso la banca per mutuo (stipulato per l'acquisto dei muri del negozio): € 400.000;
- Altri debiti (TFR, ecc.): € 6.000.

Il dott. Rossi è proprietario:

- dei muri della parafarmacia del valore di 439.000 € (costo storico di € 450.000, ammortizzati per € 11.000);
- dell'arredamento del negozio del valore di 108.000 € (costo storico di € 125.000, ammortizzato per € 17.000).

3. I risparmi e la verifica degli equilibri

Il dott. Rossi, nel corso della vita, lavorando intensamente, ha accumulato un po' di soldi che sono stati in parte utilizzati per l'acquisto della Parafar-

---

[2] Tale voce di costo si riferisce esclusivamente alle retribuzioni del farmacista collaboratore e del magazziniere in quanto nell'attività in oggetto la remunerazione dell'imprenditore avviene in forma complessiva attraverso gli utili dell'esercizio.

macia (100.000 €) e di alcuni appartamenti. Oltre che in alcune opere d'arte (dipinti di contemporanei, di cui è appassionato fin da ragazzo) ha investito circa 400.000 € in titoli obbligazionari che rendono circa il 4% annuo. Il suo promotore finanziario sostiene che il tasso di interesse garantito è da considerarsi un buon rendimento.

Il dott. Rossi, dopo aver raccolto tutte le informazioni, insieme al figlio si mette al lavoro per la verifica della soddisfazione degli equilibri aziendali.

7. LA CARTA E L'INCHIOSTRO[1]

Sommario: 1. Un po' di storia e il modello di business. – 2. Le sfide vecchie e nuove. – 3. L'ottica del mercato. – 4. I punti di vista.

1. Un po' di storia e il modello di business

Patinata Editore è una casa editrice universitaria fondata nel 1965 che nel corso degli anni ha affiancato le attività di ricerca e di didattica dei dipartimenti economico-aziendali e giuridici dell'Università di una città del Centro Italia. Oltre a questo bacino naturale di attività, le pubblicazioni sono state distribuite attraverso i canali tradizionali in diverse città e spesso i testi sono stati presi in adozione nei corsi universitari.

Di seguito una sintesi dei dati della casa editrice.

	2019	**2018**	**2017**	**2016**	**2015**
Ricavi delle vendite	4.400	4.500	4.530	4.450	4.505
Utile netto	250	220	345	200	310
Totale attività	4.600	4.450	4.500	4.200	4.200
Patrimonio netto	1.150	1.250	1.300	1.150	1.180
Numero dipendenti	20	19	19	18	18

Dati in migliaia di euro (tranne che per n. dipendenti).

Il modello di business di Patinata Editore è quello tradizionale dell'editore di carta stampata: acquisisce i diritti per la pubblicazione di un testo (in cambio di royalties da corrispondere all'autore), ne cura l'editing e poi appalta ad una o più tipografie la stampa per un numero programmato di vendite.

La distribuzione delle copie stampate avviene tramite le librerie vicine alle università o attraverso i canali di vendita diretta (negozio e sito web).

---

[1] Di Paolo Pietro Biancone.

L'attività di editing, rispetto al passato, è tutto considerato abbastanza semplice in quanto gli autori predispongono il testo già formattato e spesso utilizzano anche correttori per verificare l'ortografia. L'elemento di criticità rimane sempre la tiratura in numero di copie e la gestione dei magazzini di invenduto.

2. Le sfide vecchie e nuove

Da sempre il nemico numero uno degli editori tradizionali è stato il problema delle fotocopie e della vendita di seconda mano. La preoccupazione delle copie "non originali" è simile a quello del settore della pelletteria, dove per ogni borsa autentica spesso ne girano 6 contraffatte e, malgrado un'intensa attività di controllo delle forze dell'ordine, il fenomeno è ancora presente.

Come altri editori, Patinata ha tentato di risolvere il problema utilizzando formati diversi e carta particolare (più difficilmente fotocopiabili) oppure aggiungendo contenuti su siti web utilizzabili solo con codici specifici disponibili nella singola copia originale.

La direzione si trova oggi ad affrontare una sfida nuova che in altri settori ha creato problemi a colossi aziendali solidissimi [2]: il digitale. Il direttore generale, dott. Patinata, in gioventù appassionato di fotografia, si ricorda perfettamente quello che è successo quando dalle macchine fotografiche a pellicola si è passati al digitale: le foto ricordo non sono state più stampate e conservate negli album fotografici, ma salvate su computer portatili, pronte da mostrare agli amici all'occorrenza.

Tuttavia, forte dei risultati ottenuti negli ultimi anni, il dott. Patinata ritiene che il problema esista, ma non sia il caso di preoccuparsi troppo: sebbene ci sia una evoluzione della tecnologia, i due stakeholder coinvolti, lettori e autori, non hanno molto potere contrattuale, in quanto i primi comprano individualmente il libro e gli autori spesso si confrontano con altri editori che si comportano con una certa avversione alla tecnologia.

---

[2] Ad esempio la Eastman Kodak Company che nel 2012 ha dichiarato bancarotta perché nel tempo non ha saputo rinnovare il suo modello di business rimanendo legata a fasti del passato.

3. L'ottica del mercato

Il responsabile commerciale, dott. Borgoni, però è seriamente preoccupato in quanto ha percepito l'ingresso sul mercato di editori nuovi con una struttura molto flessibile (quasi senza personale) che supportano gli autori per la costruzione di ebook, estremamente dinamici e fruibili dai lettori, consentendo di proporre solo in formato digitale testi a condizioni estremamente concorrenziali (in termini di prezzi di copertina e di diritti d'autore).

Per meglio chiarire la sua posizione alla direzione generale, il responsabile vendite ha provato a fare una sintesi con alcuni dati per un testo campione da utilizzare nelle lezioni di management di un corso di laurea con circa 1.000 iscritti totali (per semplicità non è stato considerato l'aspetto fiscale).

	Testo a stampa		**Ebook**	
(in €, tranne che per n. di copie)	**Primo anno**	**Anni successivi**	**Primo anno**	**Anni successivi**
Prezzo di Copertina	20	20	6	6
Numero di copie vendute	500	250	900	900
Ricavi Totali	10.000	5.000	5.400	5.400
Rischio invenduti	+- 10%	+- 10%	–	–
Diritti d'autore	10%	10%	20%	20%
Costi di editing	2.000	–	2.000	–
Costo della stampa	2.500	1.250	–	–
Costi di distribuzione *	3.000	1.500	–	–
Spese piattaforma web	–	–	1.500	1.500
Margine lordo	1.500	1.750	820	2.820

* Generalmente il 50% delle copie viene venduto attraverso il punto di vendita diretto (libreria) e quindi il "costo di distribuzione" rappresenta comunque un margine per la casa editrice.

Il testo potrà essere adottato per 3-4 anni, dopo di che verrà sostituito da una nuova versione e l'invenduto dato al macero.

Certo è che l'adozione generalizzata di ebook potrebbe far perdere vendite alla libreria e quindi peggiorare il risultato complessivo. Tuttavia, il dottor Borgoni è convinto che il passaggio alle versioni ebook per buona parte del catalogo sia una circostanza obbligata per evitare quello che sta succedendo in altre realtà universitarie dove gli autori saltano completamente la casa editrice utilizzando lo strumento del self publishing (commercializzando direttamente sulle piattaforme di vendita online i testi in adozione).

4. I punti di vista

Il dott. Patinata, nel valutare la relazione del responsabile marketing si chiede anche se sia opportuno riformulare il modello di business, stravolgendo la cultura aziendale legata alla carta stampata, oppure se convenga continuare a tirare avanti per poi cedere al meglio l'attività come hanno fatto alcuni competitors entrati nell'orbita di grandi editori internazionali.

8. BEAUTY CREAM®[1]

Summary: 1. The Company. – 2. The incentives and marketing tools. – 3. Market awareness.

1. The Company

The company Beauty Cream® operates in the cosmetic industry, offering various product lines. Following a corporate restructuring, Dr. Carlos has been appointed the head of the division Creams. Carlos Santos has a long history with prior experience in the food sector, which was consolidated through a period in a business consulting company. The organizational structure of Beauty Cream is shown in the following diagram.

The main products of the division Creams are as follows:

	Standard packaging	Retail price (consumer) excluding VAT
Moisturizer	150 ml	22 €
Wrinkle Cream	50 ml	45 €
Cellulite cream	250 ml	35 €
Firming Cream	250 ml	15 €

[1] By Paolo Pietro Biancone.

The company uses different distribution channels, depending on the product. The anti-wrinkle and anti-cellulite creams are sold exclusively in pharmacies and perfumeries. A specific brand name is used for such products. The purpose is to make the customer feel the quality of the product compared to others available.

The firming creams and moisturizers are also marketed to large retailers and have a lower target. Unlike the anti-cellulite and anti-wrinkle creams, the marketing strategy behind the firming creams and moisturizers is aimed at shifting large volumes thanks to a lower price consistent with the market average. Although sales at big retail stores present an opportunity to move large numbers, they are binding in terms of price, which must be competitive, and the consequence is that the profit margins on a single product are lower.

The cost structure of the cream products division is shown in the following table[2].

	Cost of Production	**Cost of Transportation**	**Selling price to the customer – excluding VAT (dealer/retailer)**
Moisturizer	5 €	1 €	14 €
Wrinkle Cream	7 €	2 €	30 €
Cellulite Cream	4 €	2 €	18 €
Firming Cream	3 €	1 €	9 €

2. The incentives and marketing tools

The budget allocated to the division expects an increase in sales of 10% over the previous year and, consequent to the expected result, there is a variable remuneration for Carlos and his team. Also, if the increase in sales was achieved with high-margin products, then the members of the division receive a holiday benefit at a resort in Greece.

Carlos, motivated by the challenge, immediately gets to work to identify the best operational choices suited to stimulate sales.

The MKT head of the division has identified some elements to think about, which are summarized in the following table.

---

[2] Average cost per unit of product, for a standard package.

Discounts	Increase the discount up to 10% for pharmacies and drugstores and up to 20% for large retailers.
Promoter at points of sale	Inserting a corner in the main selling points for presenting and promoting products.
Change the packaging of the product	Innovative packaging with new colors and greater amount of product.
Advertising	National advertising campaign in fashion magazines.

The costs of the initiatives identified by Carlos are shown in the following table (in thousands of €):

	Soft	**Medium**	**Aggressive**
Discounts	500	1,000	1,500
Promoter at points of sale	200	400	600
Change the packaging of the product	600	720	800
Advertising	1,000	1,300	1,600

The various initiatives are beneficial to stimulate sales, but Carlos finds them to be incompatible with each other. The promotional budget allocated to boost sales is limited between 2 and 2.2 million.

3. Market awareness

Among the pertinent information that Carlos is basing his decisions on is a report received by a company specializing in market research whose prescriptions are summarized as follows:

- The Elasticity of the price (high/medium/low): the higher the price of a product is, the lower the sensitivity to price changes. In the low-end instead, the consumer is encouraged to purchase during a decrease in price.
- Promotional activities in the store stimulate purchases, however, there is a big difference in effectiveness between the results obtained in pharmacies and perfumeries compared to large retailers:

	Pharmacies	**Perfumeries**	**Large retailers**
Increase in sales	25%	15%	7%

In supermarkets, it is always challenging to interact with the customer and stimulate purchases. Advertising in fashion magazines is considered to be quite useful, but generally very expensive, however, among other positive outcomes, it enhances the brand image and it is also helpful for different product lines of the same company.

Finally, the change of packaging is positively perceived by the consumer, as the customer, despite absolute loyalty to the product. The customer is basically an experimenter and attracted by new products and free samples.

Carlos is also observing the behavior of the competitors, which is mainly represented by Alice Spa, which operates in the same segment as Beauty Cream® with right quality products. The policy of Alice Spa has always been price competition, but over the last few months, partly due to Carlos's former mate, John Tiger's (MBA) new role as MKT director, has been moving toward new promotional techniques.

John and Carlos were friends during their Masters, but have since parted ways and have followed different paths.

9. HKBRA INVENTORY[1]

Summary: 1. Business model. – 2. The inventory management. – 3. Every choice has its price.

1. Business model

A young and well-prepared management teams runs the business enterprise HKBRA. The main activity is imports and exports of underwear and household products with Hong Kong.

The company has a long tradition in the field, having operated since the seventies, at the time of the first generation of entrepreneurs.

Glen Miller, the founder's grandson has studied management and has experience with European trading companies before turning directly to the family business.

The business model is structured in buying (on order) products in Southeast Asia through the HK office. The reference market is represented by local markets and supermarket chains that also deal with articles of clothing.

The economic structure over the last few years is as follows:

Income Statement (in thousands of Euro)	**2018**	**2019**	**2020**
Revenues from sales	30,127	32,505	32,080
– Purchases	17,000	18,300	18,310
– Transport	2,500	2,500	2,450
– Rent	2,000	2,000	2,000
– Staff	5,000	5,100	5,120
– Depreciation and amortization	500	500	500
– Other operating costs	230	220	210

[1] By Paolo Pietro Biancone.

Operating profit	**2,897**	**3,885**	**3,490**
– Finance costs (10% interest)	800	800	800
Profit before tax	**2,097**	**3,085**	**2,690**
– Income taxes (40% rate)	839	1,234	1,076
Net profit	**1,258**	**1,851**	**1,614**

The purchases are made in HK $, while sales are of course in Euros.

To avoid strong volatility on the exchange rate, hedging instruments, such as a forward contract, have been adopted.

For purchases necessitating containers and transport by sea, the average waiting time (including customs clearance at the port of Genoa) is about 45 days.

In the recent past, the unsold merchandise has been minimal (less than 5%) and is usually the subject of free promotion to large customers.

2. The inventory management

Lately customers have proven a bit intolerant with delivery times since the delivery times have extended (4 weeks max). Glenn Miller, in cooperation with the purchasing manager, has been assessing the situation for some time and, together, they have identified different scenarios.

a) Maintaining the status quo;
b) Increase in inventories by 50% and reduce the waiting time of 2 weeks;
c) An increase in inventories of 100% and a reduction of the waiting time of 4 weeks and obtain a discount of 10% on purchases for large volumes.

The financial structure in the three situations is shown in the following table (figures in thousands of Euro).

Balance sheet option a)

Fixed assets	2,000	Equity	2,000
Inventories	5,000	Bank loan	8,000
Account receivables	4,000	Account payable	1,000
	11,000		11,000

Balance sheet option b)

Fixed assets	2,000	Equity	2,000
Inventories	7,500	Bank loan	10,000
Account receivables	4,000	Account payable	1,500
	13,500		13,500

Balance sheet option c)

Fixed assets	2,000	Equity	2,000
Inventories	10,000	Bank loan	12,000
Account receivables	4,000	Account payable	2,000
	16,000		16,000

3. Every choice has its price

Glen Miller asked his assistant to summarize the strengths and weaknesses of the three situations, but he is yet to receive the final results.

Surely the greater availability of stocks can meet the needs of impatient customers, and this would allow for higher fidelity. Moreover, an increase in inventory could generate incremental orders that, over time, could increase the potential turnover by 3%.The new warehouse stock, however, involves an increase in storage costs (in proportion to the increase in warehouse rent) and financial charges.

10. PHARMA PRINCE [1]

Sommario: 1. Introduzione. – 2. La Pharma Prince. – 3. Le fasi del processo di scoperta di un farmaco. – 4. Il Peramin e la SmallPharma. – 5. La redditività del farmaco.

1. Introduzione

Alberto Fortis, CFO presso la Pharma Prince Spa, sta ragionando con il suo team per decidere sull'opportunità di acquisire in licenza il Peramin, un nuovo farmaco anti ipertensivo sviluppato dalla biotech SmallPharma.

La piccola società farmaceutica, nata diversi anni fa come spin-off universitario, è carente delle risorse necessarie per il lungo processo per approvare, produrre e commercializzare il farmaco ed ha dunque preso contatto con la Prince Pharma offrendo un accordo di licenza del composto.

In base al contratto proposto, la Prince Pharma risulterebbe responsabile per l'approvazione del Peramin, la sua produzione e la commercializzazione. L'impresa pagherebbe a Small Pharma una somma iniziale, una royalties sulle vendite e contribuirebbe con pagamenti per ciascuna fase del processo di approvazione.

La catena del valore risulterebbe così distribuita tra i due partner:

---

[1] Di Paolo Pietro Biancone.

La catena del valore di Small Pharma e Pharma Prince

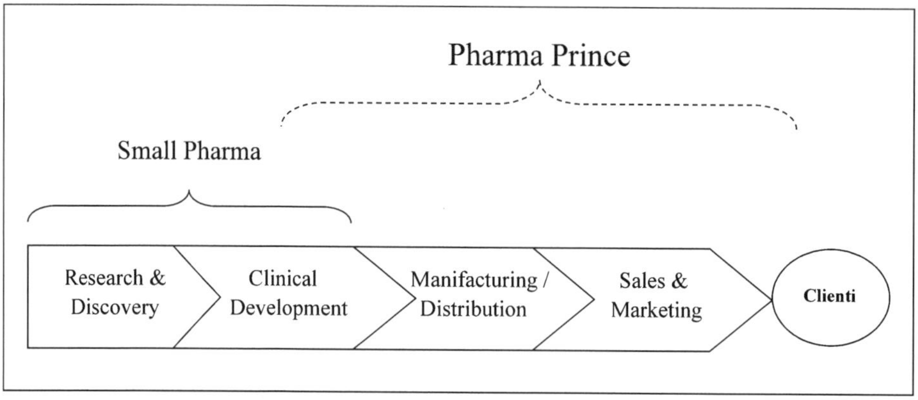

2. La Pharma Prince

Pharma Prince è una grande impresa farmaceutica focalizzata sulla ricerca scientifica; nel tempo ha scoperto, prodotto e commercializzato un'ampia gamma di farmaci per la salute. Dal 2000 ad oggi l'azienda ha lanciato diversi nuovi prodotti altamente innovativi per la cura di varie patologie.

Nella tavola seguente sono riportati in sintesi i dati di conto economico della Pharma Prince.

In milioni di euro	**2020**	**2019**
Ricavi di Vendita	10.000	9.800
– Costi del venduto	(5.000)	(4.900)
– Costi di Marketing e amministrativi	(1.500)	(1.480)
– Costi di Ricerca e sviluppo	(1.000)	(1.000)
– Altri oneri	(300)	(300)
Risultato prima delle imposte	2.200	2.120
– Imposte sul reddito	(800)	(760)
Risultato netto	1.400	1.360

Alcuni dei farmaci più popolari, quali Pertens, Stopmal e Arterclean generano oltre il 30% del fatturato a livello mondiale. I brevetti per tali farmaci, sono tuttavia in via di scadenza nel giro di 2-3 anni. Una volta scaduto il brevetto sul farmaco, le vendite calano significativamente a seguito della disponibilità sul mercato di prodotti "generici". L'unica soluzione per contrastare la caduta di vendite dei farmaci in scadenza è quella di sviluppare nuovi prodotti e rinnovare costantemente il portafoglio dell'azienda.

La Pharma Prince sviluppa nuovi composti principalmente attraverso la ricerca interna e completa l'attività attraverso iniziative con aziende biotecnologiche al fine di assicurarsi la leadership in diverse categorie terapeutiche.

3. Le fasi del processo di scoperta di un farmaco

L'attività di R&D di una impresa farmaceutica può essere articolata nelle seguenti fasi:

- Scoperta e fase pre-clinica;
- Fase I: prime analisi sull'uomo;
- Fase II: studi clinici evoluti;
- Fase III: misurabilità dei risultati.

Scoperta e fase pre-clinica

Il processo di sviluppo di un farmaco ha inizio, di solito, con la scoperta scientifica di un gene coinvolto in una patologia.

Dopo la scoperta, viene definito un obiettivo per un intervento terapeutico. I test preclinici sono condotti in laboratorio per valutare la sicurezza e il potenziale di efficacia sull'uomo. Nel caso di risultati confortanti, l'impresa presenta una domanda per "Investigative New Drug" all'European Medicine Evaluation Agency (EMEA) per poter effettuare test sull'individuo.

Fase Clinica I: prime analisi sull'uomo.

Lo scopo della prima fase, attraverso l'uso di un ridotto numero di pazienti, è quello di stabilire la sicurezza ed i parametri di massimo dosaggio.

Fase Clinica II: studi clinici evoluti.

In questo stadio, gli studi clinici sono più evoluti; tale fase richiede diversi mesi per la pianificazione, messa a punto e individuazione dei candidati.

La fase II è condotta su un più grande gruppo di pazienti che presenta la patologia designata come bersaglio per studiare l'efficacia del farmaco alle varie dosi e confermarne la sua sicurezza. Di solito sono effettuati test casuali con l'utilizzo di placebo per controllare scientificamente i risultati.

Statisticamente un farmaco che completa la Fase II e passa alla Fase III ha una probabilità di successo pari al 50% di giungere al mercato.

Durata e probabilità di successo nelle varie fasi del processo di R&D

Fasi	Probabilità di successo	Durata in anni
Drug discovery e Preclinica	1-10%	2-4
Clinica 1	11-20%	2
Clinica 2	21-60%	2
Clinica 3	61-90%	2-4
Registrazione	91-100%	1
Totale	–	9-13

Fase Clinica III: misurabilità dei risultati.

In questa fase le prove sono strutturate con uno specifico fine, quello di ottenere un risultato misurabile che chiaramente dimostri il successo nel combattere la malattia designata come bersaglio. Le finalità curative devono essere state approvate dall'organismo di vigilanza preposto (EMEA) come una conseguenza che condurrà all'approvazione del prodotto per la successiva commercializzazione.

I test effettuati comportano l'utilizzo di un elevato numero di pazienti designati come target e vengono predisposti controlli attraverso una procedura che non consente né al paziente né al medico di conoscere i soggetti a cui è stato somministrato un placebo.

Quando un "farmaco candidato" completa con successo la Fase III, ha inizio il processo di approvazione. Successivamente il farmaco viene autorizzato o non autorizzato alla commercializzazione.

4. Il Peramin e la SmallPharma

Il Peramin è un ipertensivo specifico volto ai casi di ipertensione grave associata ad insufficienza renale cronica. Rispetto ad altri farmaci disponibili presenta numerosi potenziali vantaggi in termini di tollerabilità ed assenza quasi totale di effetti collaterali.

Nel momento dell'offerta SmallPharma si trova con il farmaco nella fase preclinica, pronta per iniziare le tre fasi cliniche necessarie per l'approvazione da parte delle autorità competenti.

Small Pharma è specializzata nello sviluppo di composti per il trattamento di disturbi circolatori. Sebbene l'azienda abbia una storia di circa 15 anni, due prodotti nella fase clinica 2 ed uno nella fase 3, nessuno ha già terminato il processo di approvazione. Recentemente è stata rifiutata l'approvazione di un prodotto della SmallPharma e questo ha creato non poche perplessità ai soci sull'apportare nuovo capitale per continuare a sviluppare in fase clinica un nuovo prodotto. Per tale motivo Small Pharma è alla ricerca di un partner di grandi dimensioni per supportare lo sviluppo del farmaco in "pipeline" fornendo le risorse finanziarie necessarie.

In base al contratto proposto il licenziatario SmallPharma riceve una somma di denaro iniziale e somme addizionali al raggiungimento di ciascuna fase clinica di test. SmallPharma incasserà anche una royalty sulle vendite eventuali del prodotto.

5. La redditività del farmaco

Alberto Fortis ha creato un team per valutare la profittabilità potenziale del Peramin. Nel team Fortis ha inserito il direttore R&D, al fine di valutare gli aspetti scientifici del prodotto e il responsabile marketing di divisione per la valutazione del mercato potenziale. Nel frattempo il direttore produzione ha come compito quello di effettuare le valutazioni sul fabbisogno necessario per implementare la produzione del farmaco.

Il team ha determinato il costo e la probabilità di completamento di ciascuna fase del processo di approvazione insieme con la previsione relativa alla profittabilità del farmaco nel caso del completamento di tutte le fasi di sviluppo.

I valori sono rappresentati nella tabella seguente:

	Costo *	**Probabilità di successo**
Fase 1	200 milioni	50%
Fase 2	400 milioni	40%
Fase 3	1.200 milioni	70%
Registrazione	10 milioni	98%

* Ammontare di denaro riconosciuto per ciascuna fase in Euro.

I costi da sostenere per il lancio commerciale ammontano a circa 60 milioni di Euro.

Complessivamente, lo sviluppo del farmaco dovrebbe durare circa sette anni. SmallPharma otterrebbe un brevetto per un farmaco che ha una vita utile stimata, inclusa ogni possibile estensione, di 17 anni. Di conseguenza il prodotto avrebbe un periodo di esclusiva di 10 anni con inizio tra sette anni.

In base alle valutazioni effettuate, il Peramin dovrebbe generare sostanzialmente degli utili; la valutazione del mercato effettuata dal team infatti prevede un valore attuale dei profitti da realizzarsi nei 10 anni seguenti pari a circa 3.500 milioni di Euro, naturalmente in caso di approvazione.

11. CREDITBANK [1]

Sommario: 1. La banca, i crediti e le imprese. – 2. La valutazione delle imprese e il giudizio finale.

1. La banca, i crediti e le imprese

Il dott. Guazzoni è responsabile dell'area crediti alle imprese della filiale di un comune nel nord ovest, di una nota banca nazionale, la CreditBank. Nelle sue mansioni rientrano la valutazione delle concessioni di fido alle imprese piccole e medie.

La sua crescita professionale, a seguito della laurea in Economia e Commercio conseguita a pieni voti nel 1996 presso l'Università degli Studi di Torino, è stata graduale ed arricchita da esperienze lavorative in aziende di diversi settori, quali il tessile, l'automotive, la consulenza e infine il bancario.

Nel ramo bancario ha lavorato prima come addetto alle imprese, poi come collaboratore al responsabile d'area e per concludere come responsabile dell'area crediti alle imprese.

Attualmente nel portafoglio clienti della filiale ci sono circa 320 imprese operanti in diversi settori; tuttavia, la maggior parte di esse opera nel settore dello stampaggio materie plastiche, dal momento che l'area costituisce un distretto riconosciuto a livello internazionale per quanto riguarda il comparto.

Nelle ultime due settimane sono arrivate sulla scrivania alcune pratiche di finanziamento che, se da un lato motivano positivamente l'operato del dott. Guazzoni dall'altro, a causa degli importi elevati, destano qualche preoccupazione e perplessità.

Il referente territoriale della banca dott. Magaspina ha spinto molto nell'ultima riunione dei responsabili crediti sul potenziare gli impieghi a medio lungo termine soprattutto in settori stabili o in crescita perché possano offrire una buona redditività prospettica per la banca. Inoltre, è stato comunicato

[1] Di Paolo Pietro Biancone.

che i manager della banca riceveranno dei premi in busta paga in base ai risultati raggiunti.

Magaspina ha tuttavia esortato ad evitare il credito facile nei confronti di soggetti "deboli" perché, sebbene a questi possano essere applicati tassi maggiori, la rischiosità è superiore e la possibilità di non veder tornare indietro il denaro è una prospettiva tutt'altro che remota.

2. La valutazione delle imprese e il giudizio finale

Il dott. Guazzoni sta valutando 3 imprese; nella tavola seguente sono presentati i dati di sintesi.

Impresa	**Alfa**	**Beta**	**Gamma**
Sintesi dei dati di bilancio (in €):			
Attività non correnti	5.000.000	1.000.000	2.000.000
Attività correnti	3.000.000	850.000	800.000
Totale attivo	8.000.000	1.850.000	2.800.000
Patrimonio netto	2.800.000	900.000	1.400.000
Passività non correnti	3.200.000	600.000	600.000
Passività correnti	2.000.000	350.000	800.000
Totale passivo e netto	8.000.000	1.850.000	2.800.000
ROI	6%	2%	10%
ROE	7%	5%	12%
Richiesta finanziamento	Mutuo 10 anni per immobili	Prestito 5 anni per rinnovo attrezzature	Aumento fido per il circolante
Ammontare	2.000.000	500.000	700.000
Andamentale	Pagamenti puntuali	Pagamento ritardato [2]	Pagamenti puntuali
Garanzie prestabili	Ipoteca	fidejussione	–
Classe di rating [3]	A2	B1	A2
Tipo di società	S.r.l.	S.r.l.	S.p.A.
Andamento del settore	Stagnante	In crescita	In crescita

[2] L'impresa ha ritardato di trenta giorni il pagamento dell'ultima rata di un debito a lungo termine a causa di un ritardato incasso da un cliente.

[3] Il rating è un giudizio che esprime l'affidabilità di un'impresa, e più precisamente la sua capacità di ripagare un prestito in un determinato periodo di tempo. La classificazione utilizzata in questo caso è la seguente:

Affidabilità	Buona	Discreta	Modesta	Limitata	Non Valut	Non Class
Rischio d'impresa	1-20%	21-40%	41-60%	61-80%	81-100%	100%
Rating	A1	A2	B1	B2	C1	C2

Nelle valutazioni Guazzoni si fa aiutare dal giovane collaboratore che ha messo a punto le seguenti sintesi:

- La prima società è in un settore un po' stagnante; il fabbisogno finanziario è relativo ad un investimento immobiliare per l'acquisto di un capannone dove potrebbe sviluppare meglio la propria produzione.
- La redditività storica dell'azienda è stata buona. A giudizio del collaboratore con l'assunzione del nuovo finanziamento il livello di indebitamento potrebbe risultare troppo elevato e suggerisce cautela o soluzioni alternative (ad esempio una partecipazione all'investimento da parte dei soci attraverso un aumento di capitale).
- L'impresa Beta è ben capitalizzata e il finanziamento di 5 anni è finalizzato al rinnovo delle attrezzature di officina. L'impresa è gestita da generazioni da una famiglia molto nota; tuttavia l'unica figlia ha deciso di fare la farmacista e non partecipa alla vita aziendale. La redditività negli ultimi anni è scarsa anche a causa delle difficoltà di un importante cliente.
- L'impresa Gamma è la più interessante, in quanto la richiesta di finanziamento è legata allo sviluppo del circolante a seguito di una rapida crescita grazie ad un management giovane e dinamico.

La richiesta è pari a 700 mila Euro, ma gli interessi praticabili scontano un po' la concorrenza delle altre banche sul territorio. Il cliente ha infatti raccontato dell'offerta fattagli da un'altra banca dove, oltre a non richiedere fidejussioni, il tasso di interesse praticato è di 0,5% in meno rispetto a quello proposto inizialmente dal dott. Guazzoni.

12. IL CALCIO CHE PASSIONE [1]

Sommario: 1. La storia. – 2. I risultati economici non seguono quelli sportivi. – 3. Stadio nuovo e nuove opportunità. – 4. Le altre scelte operative.

1. La storia

L'Atletico Sportivo è una squadra di calcio militante nella prima divisione del campionato brasiliano. La Società, una delle più antiche e famose del Paese, fu fondata nel 1905 da un gruppo di operai: la loro idea era di creare una squadra di calcio in cui ognuno potesse mostrare la propria abilità nello sport, dal momento che, agli inizi del XX secolo, il calcio in Brasile era considerato uno sport elitario, praticato in prevalenza dai discendenti di immigrati britannici e da coloro che lavoravano per compagnie britanniche.

L'Atletico disputò i suoi primi match ufficiali contro squadre a livello amatoriale e grazie ai buoni risultati e a un numero sempre crescente di sostenitori, si iscrisse alla Liga Paulista de Futebol, prendendo, quindi, parte al Campionato Paulista per la prima volta nel 1910. Solo un anno dopo l'ingresso nella Liga, nel 1911, l'Atletico Sportivo venne incoronato campione statale per la prima volta, vincendo di nuovo due anni dopo.

Dal momento che a quell'epoca il calcio era praticato soprattutto negli stati di Rio e di San Paolo, le squadre campioni dei due stati erano considerate le migliori formazioni di tutto il Brasile. Sconfiggendo il campione carioca di quell'anno, il Botafogo, l'Atletico raggiunse finalmente l'élite del calcio brasiliano. La squadra vinse un'altra volta il titolo statale nel 1915, dopodiché trascorsero 7 anni prima che ottenesse nuovamente il titolo di campione statale nel 1922, primo anno di tre campionati vinti consecutivi; la tripletta si ripeté negli anni dal 1935 al 1937.

Dagli anni '40 agli inizi degli anni '80, l'Atletico si aggiudicò altri dodici titoli statali e vinse per tre volte il Torneo di Rio-San Paolo (nel 1943, nel

---

[1] Di Paolo Pietro Biancone.

1951 e nel 1969), che all'epoca era considerata la più importante competizione di tutto il Brasile.

Gli anni '80 e '90 e gli inizi del nuovo secolo, furono invece segnati da poche vittorie a livello statale (1985 e 1993) e dalla retrocessione della squadra alla Serie B brasiliana nel 2004, dovuta anche alle sue difficoltà finanziarie.

L'anno seguente la maggioranza delle azioni della società vennero acquistate da Pablo Almeiro, un petroliere brasiliano, tifoso da sempre dell'Atletico, che decise di investire sulla squadra per riportarla ai suoi livelli storici. Grazie a un cambio della dirigenza del team e ad un rinnovamento della rosa dei giocatori, l'Atletico ritornò subito nella massima serie e a seguito della vittoria della Coppa del Brasile nel 2007, conquistò il tetto del mondo nel 2012, aggiudicandosi la Coppa del mondo per club, a cui si era qualificato vincendo la coppa Libertadores dello stesso anno.

2. I risultati economici non seguono quelli sportivi

Nel 2019 in considerazione dei successi maturati anche in campo internazionale, il desiderio da parte della dirigenza è quello di continuare a crescere sotto il profilo sportivo e di migliorare la situazione economico-finanziaria della società.

La società registra, infatti, per il secondo anno consecutivo una perdita d'esercizio.

Di seguito si riportano le principali voci di Stato Patrimoniale e Conto Economico dell'Atletico Sportivo dell'anno 2019:

STATO PATRIMONIALE (30/06/2019) *(/000)*

Diritti pluriennali alle prestazioni dei calciatori netti	80.000	Patrimonio netto	93.000
Terreni e fabbricati	28.000	Debiti verso banche (oltre)	90.000
Altre immobilizzazioni	76.000	Debiti verso banche (entro)	70.000
Crediti	60.000	Debiti commerciali	6.000
Disponibilità liquide	15.000		
TOTALE ATTIVO	259.000	TOTALE PASSIVO	259.000

CONTO ECONOMICO	*(/000)*
Ricavi da gare	18.000
Diritti televisivi	120.000
Ricavi da sponsorizzazioni	46.000
Ricavi da merchandising	30.000
Totale	214.000
Stipendi personale tesserato	– 120.000
Altri costi operativi	– 64.000
Ammortamenti e svalutazioni diritti calciatori	– 28.000
Altri ammortamenti e svalutazioni	– 4.000
Risultato operativo	– 2.000
Proventi (Oneri) finanziari	– 4.500
Imposte	0
Risultato netto	**– 6.500**

3. Stadio nuovo e nuove opportunità

Nella definizione dei piani strategici per i prossimi anni la società ha deciso di investire in modo massiccio nella costruzione di un impianto sportivo che dovrà servire alle partite di calcio, ma anche ad attività parallele di collaborazione con scuole e squadre locali.

Attualmente la squadra gioca infatti in uno stadio vecchio, poco fornito di servizi e negozi per famiglie e tifosi e di ridotte dimensioni. Lo stadio è di proprietà comunale e l'Atletico deve pagare un affitto in relazione alle partite disputate; pertanto il prezzo praticato sui biglietti viene maggiorato per coprire tali costi e ciò causa una riduzione del numero di spettatori.

I piani operativi della società prevedono l'acquisizione dello stadio e la sua ristrutturazione al fine di ottenere un impianto sportivo moderno, con un numero superiore di posti disponibili e la creazione di spazi dedicati a negozi e ristoranti che possano anche essere locati dalla società ad aziende esterne.

Una parte del costo totale dell'operazione verrà coperta da un contratto di sponsorizzazione sul nome dello stadio. Di seguito sono riportati i dettagli dell'investimento.

STADIO	*(/000)*
Costo acquisizione	70.000
Costo ristrutturazione	50.000
Costo totale	120.000
Aliquota ammortamento	2,00%
Contratto di sponsorizzazione:	6 milioni di € all'anno per 10 anni

L'investimento complessivo sarà pari a 120 milioni di euro e verrà finanziato:

- al 50% da un aumento di capitale da parte dei soci;
- al 50% attraverso l'accensione di un nuovo mutuo rimborsabile dopo dieci anni (tasso d'interesse pari al 5%).

La realizzazione della ristrutturazione dello stadio e la costruzione dei locali richiederà circa tre mesi di tempo: da inizio giugno a fine agosto, periodo coincidente con la pausa estiva del campionato.

Di seguito viene presentato l'impatto dell'investimento sul bilancio dell'Atletico Sportivo relativo all'esercizio n + 1, confrontando la situazione economica e patrimoniale della società in assenza (ante) e in presenza (post) dell'investimento nello stadio.

STATO PATRIMONIALE (30/06/2019) [2] *(/000)*

	ante	post		ante	post
Diritti pluriennali alle prestazioni dei calciatori netti	80.000	80.000	**Patrimonio netto**	93.000	**153.600**
Terreni e fabbricati	28.000	**145.600**	**Debiti verso banche (oltre)**	90.000	**150.000**
Altre immobilizzazioni	76.000	76.000	**Debiti verso banche (entro)**	70.000	**73.000**
Crediti	60.000	**66.000**	Debiti commerciali	6.000	6.000
Disponibilità liquide	15.000	15.000			
TOTALE ATTIVO	259.000	382.600	TOTALE PASSIVO	259.000	382.600

[2] Per semplicità di comprensione sono stati mantenuti i dati relativi all'esercizio 2019.

CONTO ECONOMICO		*(/000)*
	ante	**post**
Ricavi da gare	18.000	18.000
Diritti televisivi	120.000	120.000
Ricavi da sponsorizzazioni	46.000	**52.000**
Ricavi da merchandising	30.000	30.000
Totale	214.000	220.000
Stipendi personale tesserato	– 120.000	– 120.000
Altri costi operativi	– 64.000	– 64.000
Ammortamenti e svalutazioni diritti calciatori	– 28.000	– 28.000
Ammortamento fabbricati	–	**– 2.400**
Altri ammortamenti e svalutazioni	– 4.000	– 4.000
Risultato operativo	– 2.000	1.600
Proventi (Oneri) finanziari	– 4.500	**– 7.500**
Imposte	0	0
Risultato netto	– 6.500	**– 5.900**

Con l'acquisto e l'ampliamento dello stadio sarà possibile, inoltre, modulare il livello dei prezzi e aumentare i ricavi di vendita per attività collaterali (negozi, ...), grazie all'aumento del numero degli spettatori.

I contatti presi dalla direzione generale della squadra prevedono entrate per le seguenti tipologie di voci: sponsorizzazioni sul nome dello stadio, sponsor sulle magliette, diritti televisivi e biglietti di ingresso.

4. Le altre scelte operative

Il direttore generale (DG), Luis Gomes, è alla testa della società da 3 anni e, benché sia il suo primo incarico da DG, ha già dimostrato di saper raggiungere gli obiettivi prefissati grazie alle sue capacità di analisi e di valutazione delle possibili strategie da intraprendere.

Egli è consapevole che l'acquisto di nuovi giocatori di alto profilo porterebbe ad un aumento dei ricavi da merchandising e da sponsorizzazioni nonché del numero di abbonamenti, ma anche ad un aumento degli stipendi. Vi sono buone opportunità di sviluppo del merchandising ma ciò comporterebbe un forte investimento in pubblicità.

Per comprendere quali siano le migliori scelte da adottare, Gomes si avvale della preziosa collaborazione del CFO, José Dos Rios che, grazie ad una lunga e brillante carriera come CFO di una nota società di telecomunicazioni, ha le doti e l'esperienza necessarie per aiutare il direttore generale nella pianificazione delle azioni da intraprendere nei prossimi anni.

Il CDA è alle porte e il direttore finanziario insieme ad un suo collega esperto di budget si mettono all'opera per valutare le diverse opzioni.

Dal canto suo il DG, nello stabilire quale possa essere la rosa dei giocatori per i prossimi anni, tiene conto delle ricadute che tale decisione avrà sui ricavi e costi della società. Egli ha individuato tre possibili alternative (calciatori VIP, medi, di basso livello) e, grazie al contributo fornitoli dal CFO, ha realizzato una simulazione dei ricavi e dei costi prospettici in relazione alla scelta di ciascuna di esse.

Di seguito vengono riportati in sintesi i risultati di tale analisi.

Squadra	**Attuale**	**VIP**	**Media**	**"Brocchi"**
Numero abbonati	28.000	35.000	30.000	20.000
Numero biglietti medi a partita	35.714	50.000	44.643	32.000
Prezzi medi dei biglietti ($)	25	30	28	25
				(/000)
Ricavi da gare	18.000	30000	25000	16.000
Ricavi da diritti televisivi	120.000	140.000	130.000	110.000
Ricavi da sponsorizzazioni	46.000	110.000	90.000	30.000
Ricavi da merchandising	30.000	60.000	40.000	15.000
Stipendi giocatori	– 120.000	– 200.000	– 130.000	– 80.000
TOTALE	**94.000**	**140.000**	**155.000**	**91.000**

È prevedibile anche, grazie al fatto che i tifosi sono molto legati alla squadra, un'intensa attività di merchandising che però andrebbe stimolata adeguatamente attraverso una campagna pubblicitaria.

Valutando tutte le possibili opzioni e azioni da intraprendere il DG e il CFO si apprestano a redigere il budget e i piani per i prossimi anni che verranno presentati al CDA.

13. GASOLINE[1]

Sommario: 1. Il profilo della società – 2. La struttura organizzativa. – 3. Il profilo economico. – 4. Proposte per il futuro.

1. Il profilo della società

Gasoline S.p.A. è una società della famiglia Ferri, costituita nel 1960, il cui core business è rappresentato dalla prestazione di servizi per il settore petrolifero. In particolare, la società è specializzata nella realizzazione di infrastrutture per la ricerca di giacimenti di idrocarburi.

La società gode di un posizionamento competitivo di eccellenza per la fornitura di servizi all'industria petrolifera, con un orientamento particolare verso progetti complessi ed impegnativi dal punto di vista tecnologico.

Oltre ad avere un elevato contenuto europeo, la maggior parte della sua base di risorse umane proviene da Paesi in via di sviluppo, per un totale di oltre 500 dipendenti di più di 20 nazionalità diverse. Per questo si può definire Gasoline come una società realmente internazionale.

Alla fine del secolo scorso, la società ha iniziato a rafforzare le proprie competenze ingegneristiche e di *project management*, che diventarono eccellenti a partire dal 2008, a seguito dell'incorporazione di Gasolproject, una importante società di ingegneria e costruzioni attiva sul mercato internazionale.

La mission di Gasoline è quella di perseguire la soddisfazione dei clienti nell'industria dell'energia, affrontando ogni sfida con soluzioni sicure, affidabili ed innovative.

Per raggiungere tale obiettivo, la società si avvale di team competenti, in grado di fornire uno sviluppo sostenibile per l'azienda e per le comunità in cui essa opera.

[1] Di Paolo Pietro Biancone.

2. La struttura organizzativa

La struttura organizzativa aziendale è articolata secondo il modello di amministrazione e controllo tradizionale ed è caratterizzata dalla presenza del Consiglio di Amministrazione, a cui è affidata in via esclusiva la gestione aziendale.

Le funzioni di vigilanza sono affidate al Collegio Sindacale e quelle di revisione legale alla Società di Revisione. Sono inoltre presenti due Comitati, uno per le remunerazioni ed uno per l'Audit.

Il Consiglio di Amministrazione ha nominato un Presidente ed un Vicepresidente Amministratore Delegato, da cui dipendono due Chief Operating Officers, responsabili delle Business Unit in cui si articola la società. Il Presidente, l'Ing. Ferri, ha da tempo lasciato la gestione operativa al genero dott. Mercurio che è laureato in chimica e ha un MBA di una prestigiosa università.

La struttura organizzativa, di tipo multidivisionale e caratterizzata da un forte decentramento, è attualmente la seguente:

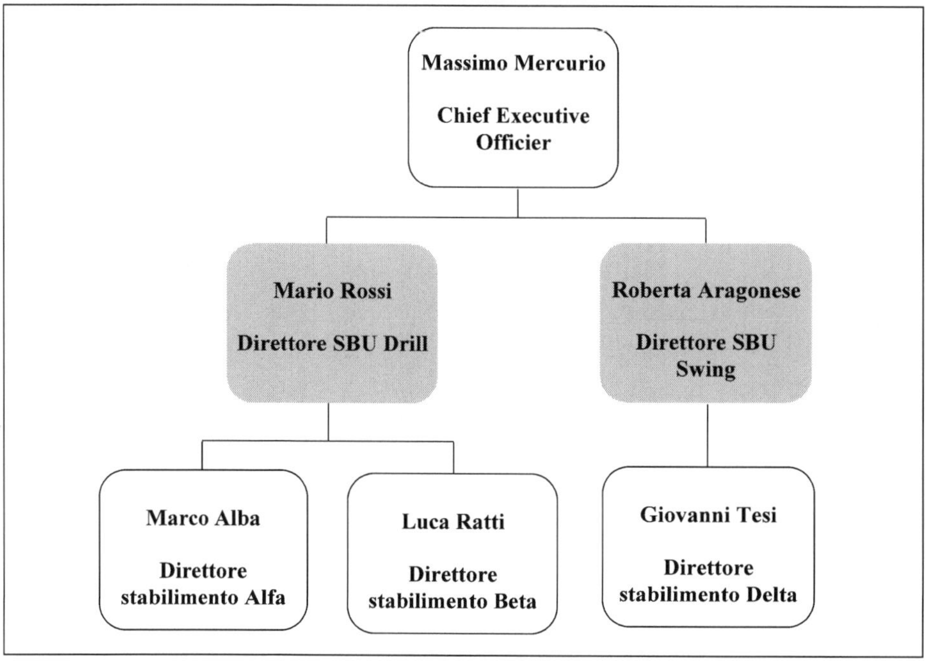

Nell'organigramma di Gasoline sono presenti due Business Unit: la SBU

Drill, a cui sono delegate le attività di esplorazione ed estrazione, e il cui Direttore è Mario Rossi, e la SBU Swing, che si occupa di perforazione, e la cui Direttrice è Roberta Aragonese.

Le due SBU sono interdipendenti, in quanto le attività da esse svolte sono consequenziali, come si evince dal grafico sotto riportato:

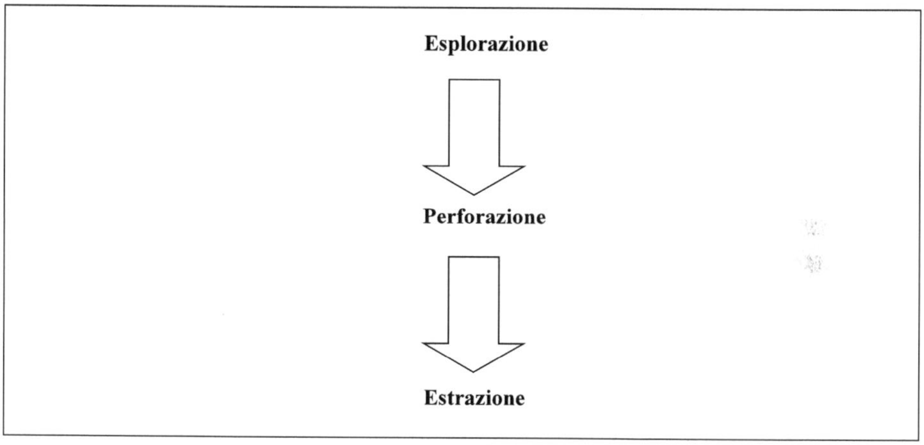

3. Il profilo economico

Con riferimento al profilo economico, le due Business Unit presentano situazioni divergenti: il fatturato della SBU Drill nel 2015 è aumentato notevolmente rispetto all'esercizio precedente, apportando un incremento al fatturato della Gasoline; il fatturato della SBU Swing ha invece subíto un forte peggioramento e ha avuto un impatto negativo sul fatturato complessivo della società.

Nel complesso l'equilibrio economico è buono e migliore rispetto all'esercizio precedente, come si evince analizzando il Conto Economico della Gasoline per l'esercizio 2015.

CONTO ECONOMICO GASOLINE (dati in migliaia di Euro)

	2014	2015
Fatturato netto		
Esplorazione ed estrazione	€ 42.900	€ 52.400
Perforazione	€ 5.040	€ 2.032
Tot. Fatturato netto	**€ 47.940**	**€ 54.432**
Costo del venduto		
Lavoro diretto	€ 30.000	€ 30.000
Materiali sussidiari	€ 942	€ 2.029
Spese di trasporto	€ 2.340	€ 5.040
Spese varie	€ 390	€ 840
Ammortamenti	€ 5.000	€ 5.000
Tot. Costo del venduto	**€ 38.672**	**€ 42.909**
Margine lordo	**€ 9.268**	**€ 11.523**
Spese operative		
Spese generali e amministrative	€ 5.662	€ 5.662
Tot. Spese operative	**€ 5.662**	**€ 5.662**
Reddito al lordo delle imposte	**€ 3.606**	**€ 5.861**
Imposte sul reddito	€ 1.132	€ 1.840
Reddito netto	**€ 2.474**	**€ 4.021**

4. Proposte per il futuro

Il CEO Massimo Mercurio, dopo aver analizzato attentamente il Conto Economico della Gasoline, essendosi reso conto che l'equilibrio economico era garantito soltanto dalle attività di esplorazione ed estrazione della Business Unit Drill, ha deciso di istituire due team, uno interno e l'altro esterno all'organizzazione, i quali avrebbero dovuto presentare delle proposte per incrementare nell'esercizio successivo il fatturato della Gasoline.

I due team, d'accordo sul fatto che non si possa decidere di eliminare la SBU Swing, essendo le attività da essa svolte interrelate con quelle della SBU Drill, hanno presentato proposte divergenti.

Il team interno ha proposto di rivedere dalla base la struttura organizzativa della società, dando vita ad una struttura di tipo funzionale, per mettere in luce l'equilibrio economico complessivo della Gasoline, senza mostrare l'andamento negativo della Swing, ed anche per migliorare l'efficienza operativa.

Il team esterno ha proposto di attuare delle strategie di MKTG, al fine di incrementare i servizi di esplorazione ed estrazione, sia offrendo servizi più personalizzati nei mercati attuali, sia espandendo le proprie attività in nuovi mercati, puntando quindi sull'efficacia operativa.

Tra le due proposte, il CEO dovrà scegliere quella che ritiene più adatta.

14. AZIENDA GOEX [1]

Sommario: 1. L'azienda, una fucina di campioni. – 2. Alla guida ci sono "piloti" esperti. – 3. Guidare all'estero ... ma con prudenza.

1. L'azienda, una fucina di campioni

La società GoEx opera nella produzione e commercializzazione di Go Kart ed ha principalmente un mercato domestico. È una impresa leader nella produzione di telai e ricambi per kart e fu fondata nel 1981.

«*Possiamo considerare la GoEx un'effettiva fabbrica di campioni; questo è messo in evidenza da numerosi piloti che sono passati dai Kart dell'azienda alle formule maggiori, fino alla Formula 1*» ha dichiarato con orgoglio il Direttore Generale in una recente intervista televisiva.

Tutti i Go Kart della produzione sono equipaggiati con motore Rotax in differenti configurazioni. Il motore più performante è 125 cc. bicilindrico raffreddato a liquido con accensione elettrica e frizione centrifuga.

Grazie all'elevata qualità dei propri prodotti, da alcuni mesi si è creata l'opportunità di sviluppare la presenza su alcuni mercati internazionali. La sintesi dei dati economico finanziari è rappresentata nella tavola seguente.

Dati in migliaia di Euro	**Ultimo esercizio**
Ricavi di vendita	28.000
– Costi di produzione	(21.000)
– Costi commerciali	(2.000)
– Costi amministrativi e generali	(800)
Risultato operativo	4.200

[1] Di Paolo Pietro Biancone.

2. Alla guida ci sono "piloti" esperti

Il volante dell'azienda è nelle mani del dott. Davide Sotutto; ha 59 anni, laureato in Economia è un imprenditore di lungo corso (con un passato da pilota di rally). Dopo aver gestito diverse aziende è stato chiamato dai soci di controllo per gestire l'impresa e portarla a livello internazionale.

Attualmente la struttura organizzativa è la seguente:

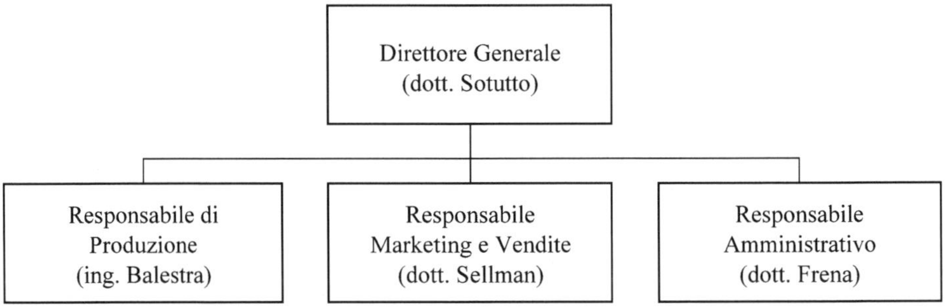

Il responsabile MKT e vendite dell'azienda dott. Andreas Sellman ha avuto una precedente esperienza lavorativa in contatto con mercati esteri ed è molto soddisfatto della possibilità di sviluppare l'attività fuori confine in quanto prevede un incremento delle vendite significativo. L'ing. Marco Balestra, da sempre un tipo pragmatico, è invece un po' riluttante in quanto teme l'incremento della complessità operativa relativa all'allestimento di nuove linee di produzione.

Il responsabile amministrativo dott. Frena, riguardando i conti, vede spazi per nuovi investimenti ma invita tutti a ragionare su eventuali pregi e difetti di una crescita dimensionale.

Nella struttura operano mediamente 11 operai sotto la guida di Balestra. Generalmente nei momenti di scelte strategiche l'azienda si rivolge ad una società di consulenza che supporta l'azienda nell'attività ordinaria e straordinaria.

Per poter procedere occorre, infatti, un'adeguata conoscenza dei mercati, l'individuazione delle forme commerciali migliori per operare, delle diverse tipologie di prodotti o servizi da fornire.

3. Guidare all'estero … ma con prudenza

I mercati che potrebbero essere interessanti sono il Giappone, UK e Arabia Saudita. Il direttore generale, anche lui profondamente motivato, invita a ragionare tutti insieme sui temi da sviluppare per essere competitivi sui nuovi mercati e nello stesso tempo richiede concentrazione per evitare di disperdere le energie.

I diversi mercati richiedono investimenti significativi ma di differente natura. In UK, facendo parte dell'Unione Europea non è necessario seguire particolari procedure per l'omologazione dei prodotti, ma risulta il mercato più competitivo. Il Giappone necessita investimenti maggiori (nuova linea di produzione adeguata per assemblare sedile e strumenti per piloti di statura ridotta) ma garantisce, dopo un periodo di avviamento, una maggiore marginalità delle vendite. L'Arabia Saudita presenta buone possibilità di business (gli sport motoristici rappresentano una delle attività sportive in forte crescita nel medio oriente) ma occorre modificare la parte strutturale per renderla compatibile con il clima sensibilmente differente rispetto agli altri mercati (nuovo design del fondo del kart e dei convogliatori di flusso).

Nella tabella che segue una sintesi dei dati e delle informazioni raccolte.

	UK	**Giappone**	**Arabia Saudita**
Modifiche all'impianto di produzione	Limitate	Nuova linea di produzione per sedili e strumentazione	Nuova linea di produzione per design e convogliatori di flusso
Investimento necessario* (ammortizzabile in 4 anni)	500.000 €	5.000.000 €	7.800.000 €
Operai specializzati da assumere	1-2 a seconda delle vendite	3-4	3
Competenze personale	Basse	Elevate	Elevate
Commerciali da assumere	–	1	1
Margini sulle vendite (ricavi-costi di produzione)	Bassi	Molto alti	Alti
Rischi	Forte competizione	Problemi di omologazione	Adeguatezza dei prodotti
Conoscenza del mercato	Molto buona	Limitata	Limitata
Incremento fatturato previsto	5 %	15%	18%

* L'investimento si riferisce all'istituzione del canale commerciale e delle nuove linee di produzione.

Il dott. Sellman si mette subito al lavoro con il supporto dello staff di consulenti e si rende conto, confrontandosi con i colleghi, che i temi da affrontare non si limitano al prodotto ma sono anche di tipo culturale, finanziario e di logistica.

15. IL MONACO È NELL'ABBAZIA?[1]

Sommario: 1. Introduzione. – 2. L'Abbazia. – 3. Il turismo e le difficoltà di intercettazione. – 4. Le proposte. – 5. La visibilità e l'immagine territoriale. – 6. Le altre buone idee. – 7. Come muoversi ...

1. Introduzione

L'Abbazia di Santa Maria di Staffarda è uno dei grandi monumenti medioevali del Piemonte; conservata in gran parte nella sua integrità del momento di massima espansione, si trova a Staffarda di Revello, in provincia di Cuneo.

[1] Di Paolo Pietro Biancone. Il presente caso è stato sviluppato a fini didattici, ogni riferimento a persone o istituzioni è puramente casuale ed è frutto della fantasia dell'autore.

2. L'Abbazia[2]

Fondata tra il 1122 ed il 1138 sul territorio dell'antico Marchesato di Saluzzo, l'Abbazia benedettina cistercense aveva raggiungo in pochi decenni una notevole importanza economica quale luogo di raccolta, trasformazione e scambio dei prodotti delle campagne circostanti, rese fertili dai monaci con estese e complesse opere di bonifica. L'importanza economica aveva portato all'abbazia privilegi civili ed ecclesiastici che ne fecero il riferimento della vita politica e sociale del territorio.

Nel 1690 i Francesi, guidati dal generale Catinat invasero l'Abbazia distruggendo l'archivio, la biblioteca, parte del chiostro e del refettorio; dal 1715 al 1734, con l'aiuto finanziario di Vittorio Amedeo II, vennero effettuati lavori di restauro che in parte alterarono le originali forme gotiche dell'architettura.

Con Bolla Pontificia di Papa Benedetto XIV, nel 1750, l'Abbazia ed i suoi patrimoni divennero proprietà dell'Ordine dei SS. Maurizio e Lazzaro, ed eretti in Commenda.

Del complesso abbaziale si apprezzano in particolare la Chiesa, con il Polittico di Pascale Oddone e il gruppo ligneo cinquecentesco della Crocifissione, il Chiostro, il Refettorio, con tracce di dipinto raffigurante "L'ultima cena", la Sala Capitolare, la Foresteria; gli altri edifici costituiscono il cosiddetto "concentrico" di Staffarda, ossia il borgo, che conserva tuttora le storiche strutture architettoniche funzionali all'attività agricola, come il mercato coperto sulla piazza antistante l'Abbazia e le cascine. Attualmente, le cascine sono in locazione ad imprese agricole.

L'Abbazia è visitabile dal Martedì alla Domenica con i seguenti orari (è offerto un servizio di audioguide compreso nel prezzo del biglietto):

- 09.00-12.30 (ultimo ingresso ore 12.00);
- 13.00-17.00 (ultimo ingresso ore 16.30) – dal 01/11 al 28/02;
- 13.00-18.00 (ultimo ingresso ore 17.30) – dal 01/03 al 31/10.

L'Abbazia è situata a Staffarda che è una frazione del comune di Revello, sulla strada statale che congiunge Saluzzo a Pinerolo per raggiungerla dall'autostrada A6 è necessario uscire al casello di Marene, imboccare la strada statale 662 fino a Saluzzo e proseguire per l'Abbazia (circa 10 km).

---

[2] Tratto da Fondazione Ordine Mauriziano.

3. Il turismo e le difficoltà di intercettazione

L'Arch. Marchioni, referente dell'Ordine Mauriziano proprietario della struttura, convoca una riunione invitando a partecipare tutti gli stakeholder per dare un contributo attivo alla valorizzazione della struttura.

"L'Abbazia di Staffarda – esordisce un imprenditore del territorio alla riunione – rappresenta una delle emergenze storiche di tutto il Piemonte e dovrebbe essere una attrattiva internazionale. Nella realtà dei fatti, invece, è molto difficile attrarre i turisti anche a livello locale che preferiscono un giro nelle cantine delle Langhe che distano poco più di 50 chilometri".

Dall'analisi dei dati emerge che i visitatori principali sono scolaresche in gita provenienti dal Piemonte e pensionati: i primi si portano il pranzo al sacco; mentre i secondi fanno tappa all'Abbazia per poi andare a mangiare in ristoranti distanti "tutto compreso" convenzionati con i Tour operator.

In sostanza, nel territorio dell'Abbazia stanno il tempo necessario per la visita e poi vanno altrove. "Offriamo un menù con piatti tipici di qualità a prezzi contenuti – sottolinea scoraggiato il ristoratore che gestisce un ristorante da una sessantina di coperti nel piazzale antistante l'Abazia –, eppure il numero dei clienti non cresce".

4. Le proposte

Turismo di massa con ricadute sul territorio o turismo di nicchia per studiosi e amatori? Questo il dilemma dell'arch. Marchioni. Un turismo di massa potrebbe consentire importanti ricadute sul territorio solo se vengono costruite delle attività che consentano di "spendere", come, ad esempio, gadget più o meno culturali in vendita presso la struttura, prodotti tipici con il marchio dell'Abbazia e attività "esperienziali" come concerti a pagamento o altro.

La dott.ssa Granda, rappresentante di Coldiretti, prende la parola per rinnovare la disponibilità a identificare dei prodotti tipici della zona che possono essere selezionati e messi a disposizione per un canale di distribuzione selettivo. L'intervento del sig. Cameri, responsabile di Federalberghi[3], tutta-

---

[3] Dall'analisi delle strutture ricettive emerge che nell'arco di 20 km sono presenti 68 strutture con *range* di prezzo per camera doppia tra i 55 e i 122 euro a notte tra cui 6 quattro stelle e 47 B&B.

via, fa molto effetto: "Per una ricaduta importante – sostiene – è necessario che i turisti si fermino a dormire sul territorio. In questo modo, i turisti non solo lasciano sul territorio il corrispettivo per l'albergo, ma anche per i pasti; e, nel tempo libero tra una visita e l'altra, possono fare shopping". È, quindi, necessario trovare cose da fare al turista per più di un giorno per evitare che la visita all'Abbazia sia di passaggio per altre mete, quali, a esempio le Langhe o Torino. Il responsabile di un Tour operator coinvolto nel tavolo di lavoro, dott. Gespi, si dice pronto a collaborare allo sviluppo di un piano per la creazione di pacchetti turistici e propone alcune realtà da aggiungere alla visita alla Abbazia identificate nella tabella seguente.

Tipologia di offerta	**Luogo**	**Distanza**	**Stagione turistica**
Centri benessere, cure termali	Lurisia, Vinadio, Valdieri	79 km	Offerta annuale
Parchi divertimento – parchi acquatici	Cavallermaggiore, Roccaforte Mondovì, Frabosa Soprana	25 km	Estiva
Antiquariato	Fossano	37 km	Tutto l'anno
Stazioni sciistiche	Artesina, Limone Piemonte, Lurisia, Pian Muné, Pontechianale, Pratonevoso	71 Km	Invernale
Golf club	Castellar	30 km	Offerta annuale
Passeggiata a cavallo	Racconigi	27 km	Estiva
Enogastronomia	Barolo, ecc.	57 km	Offerta annuale

5. La visibilità e l'immagine territoriale

Per poter essere attrattivi è necessario essere visibili: "… ogni turista potenziale deve sapere che c'è l'Abbazia di Staffarda e deve desiderare di visitarla una volta nella vita … come la grande muraglia per i cinesi …" sostiene il geometra Prezzari dell'assessorato al turismo della Regione. E il dottor Gespi sintetizza: "Occorre una comunicazione sia attraverso un sito web multilingua (e nei social network) sia attraverso l'inserimento nelle principali guide turistiche e nei circuiti turistici dei tour operator".

Attualmente cliccando Staffarda su Google compaiono diversi siti (quasi esclusivamente in italiano) che descrivono con foto la bellezza della struttura, ma senza gli aspetti di intrattenimento che possono attirare il turista meno "appassionato".

6. Le altre buone idee

Tra le altre buone idee emerse nella riunione, vi è la possibilità di attivare, attraverso piattaforme di *crowfunding*, come effettuato brillantemente in altre realtà, la raccolta di fondi con l'offerta di biglietti omaggio per l'ingresso nella Abbazia e di prodotti del territorio e la possibilità di registrare i cori dell'Abbazia con una corale che fa canti *gospel.*

L'Abbazia, inoltre, potrebbe anche essere utilizzata per eventi quali ad esempio matrimoni; questo porterebbe anche una ricaduta indiretta sul territorio attraverso il catering che potrebbe essere gestito con imprese e prodotti locali.

E poi – perché no? –: registrare il marchio dell'Abbazia e provare ad impostare una valorizzazione economica.

7. Come muoversi ...

L'Arch. Marchioni è molto contento dei risultati delle riunioni e dell'entusiasmo dei soggetti coinvolti del territorio e si mette subito all'opera coinvolgendo alcuni collaboratori. Le idee sono tante, ma le risorse poche: per poter raggiungere risultati significativi per il territorio, ritiene che sia opportuno distinguere le iniziative "di sistema", che devono essere impostate con orizzonti di medio termine e che necessitano di qualche investimento significativo da parte di sponsor aziendali e territoriali, da quelle che sono iniziative di portata più limitata – ma non meno importanti –, implementabili da subito senza particolari sforzi o risorse investite.

16. FLY EUROPE ATLANTIC[1]

Sommario: 1. Il profilo della società. – 2. I ricavi non decollano e i costi volano ... – 3. L'analisi e le soluzioni. – 4. La scelta.

1. Il profilo della società

Fly Europe Atlantic è una Compagnia aerea a capitale interamente privato con sede in una importante città italiana.

La Compagnia fu fondata con il nome di Fly Italia negli anni '70 con l'intento di promuovere il turismo nel territorio e sulle isole. Negli anni '90 il nome fu cambiato in Fly Europe, sottolineando la vocazione internazionale della compagnia aerea.

Alla fine del 2012 è nata Fly Europe Atlantic, un importante vettore regionale europeo, proveniente dalla fusione di due player del trasporto aereo: Atlantic, compagnia specializzata nel servizio Charter verso destinazioni vacanza di lungo raggio, e Fly Europe, vettore di linea con un network nazionale ed europeo articolato, per lo più rivolto a collegare i principali aeroporti italiani con le isole del mediterraneo. Nell'ottobre 2012 inoltre Fly Europe ha acquisito totalmente la proprietà di Conair, vettore spagnolo a vocazione charter, che è definitivamente entrato a far parte del Gruppo ed ora opera collegamenti con la Spagna e le isole dell'Atlantico. A seguito di un'operazione di rebranding, a partire da marzo 2014, la compagnia ha unificato tutti i loghi utilizzando i colori giallo e verde come elementi distintivi dei propri aerei.

Oggi FEA (Fly Europe Atlantic) offre un ampio ventaglio di voli a destinazione turistica: per quanto riguarda la linea nazionale ed internazionale di corto e medio raggio, dai principali scali è possibile raggiungere le isole italiane e quelle della Grecia, oltre a importanti mete di vacanza nella sponda sud del Mediterraneo. Attraverso la flotta di aerei medio grandi, le principali

---

[1] Di Paolo Pietro Biancone.

destinazioni servite sono: Maldive, Mauritius, Kenya, Tailandia, Sud Africa e Caraibi.

FEA ha una flotta complessiva di 52 aeromobili, che porta circa 8 milioni di passeggeri l'anno, composta da 10 Airbus A319, 15 Airbus A320, 15 Boeing 737-700, 2 Boeing 737-300, 2 Boeing 767-200, 4 Boeing 767-300, 4 Boeing 737-800. Gli aeromobili sono quasi tutti presi in leasing operativo con contratti a 8 anni rinnovabili.

La società è quotata presso la borsa valori nazionale: il mercato fino allo scorso anno ha dimostrato fiducia nelle prospettive dell'azienda. Nel dicembre 2014 l'azionista di riferimento di Fly Europe Atlantic, un fondo di investimento Lussemburghese, preoccupato dei risultati non più soddisfacenti, ha nominato il dott. Falco nuovo amministratore delegato della Compagnia, che si è subito messo all'opera per definire il piano operativo del prossimo lustro.

2. I ricavi non decollano e i costi volano ...

L'amministratore delegato al suo primo giorno di lavoro chiama subito il responsabile finanziario, dott. Conti, per avere i dati aggiornati relativi all'area operativa della compagnia aerea. Il CFO produce il rapporto di seguito presentato.

I ricavi della vendita di biglietti e di servizi sono pari nell'ultimo anno ad un miliardo di Euro contro gli 1,3 miliardi nel 2013, con una diminuzione di Euro 300 milioni, corrispondente ad una diminuzione del 30%, per una contrazione del traffico commerciale in un contesto di forte debolezza della domanda.

I costi della compagnia aerea sono relativi agli elementi di seguito presentati.

Il costo del carburante, pari a Euro 450 milioni, rispetto ai 430 milioni di euro del 2013, registra un peso accresciuto sui ricavi al 45% (33% del 2013). Il costo è aumentato pur con le medesime tratte a causa di un leggero aumento del prezzo del carburante.

I costi per materiali e servizi di manutenzione sono pari a Euro 224 milioni, rispetto a Euro 220 milioni nel 2013, con una riduzione di circa Euro 4 milioni. L'incidenza sui ricavi di vendita è pari al 22% contro il 17,2% nel 2013.

I noleggi operativi di aeromobili ammontano a Euro 115 milioni, in confronto a Euro 114 milioni nel 2013. Si evidenzia un'incidenza sui ricavi di vendita del 11,5% in confronto al 9% nel 2013. I costi commerciali di vendita, composti da commissioni e altri costi di intermediazione dei vari canali distributivi, ammontano a Euro 42 milioni, in rapporto a Euro 54 milioni nel 2013, con una riduzione di circa 9 milioni. In termini di incidenza sui ricavi di vendita, tale voce pesa per il 4,2% pari alla stessa percentuale nel 2013.

I costi operativi e di *wet lease* sono pari a Euro 412 milioni contro Euro 422 milioni nel 2013, con un decremento di circa Euro 10 milioni, essi includono i principalmente i costi di *handling*, e le tasse di rotta. La loro incidenza sul fatturato risulta pari al 41% contro il 32,4% nel 2013.

Gli "Oneri diversi di gestione ed altri servizi" sono pari a 76 milioni, contro i 70 milioni del 2013, mostrando un'incidenza del 7,6% in raffronto al 5,4% nel 2013.

Il costo del personale ammonta a 160 milioni contro 162 milioni nel 2013, con un risparmio pari a 2 milioni. La loro incidenza sui ricavi di vendita è pari al 16%, in confronto al 12,4% nel 2013.

Gli ammortamenti e le svalutazioni sono pari a 45 milioni, rispetto ai 38 milioni dell'anno precedente. La posta è aumentata per tenere conto di alcune svalutazioni di motori non più utilizzabili.

3. L'analisi e le soluzioni

Dopo aver analizzato con attenzione il report ricevuto dal responsabile finanziario, il dott. Falco si rende conto che la struttura operativa è sovradimensionata e che il tasso di riempimento degli aerei (load factor) non è compatibile con la dimensione dei costi fissi. Il dott. Conti inoltre sostiene che, con i prezzi attuali, per riportare in utile operativo il gruppo sia necessario un incremento del fatturato di almeno il 40%; in alternativa, il CfO ritiene necessario rivedere i contratti di noleggio per disporre di aerei più piccoli e, di conseguenza, risparmiare sul carburante oppure abbassare i prezzi e fare una price competition aggressiva. La prima ipotesi, caldeggiata dal responsabile, consentirebbe di ridurre la capacità operativa del 30%, portando a parità di condizioni il load factor dal 63% all'80% circa. Per tale opzione è però necessario pagare delle penali (ai noleggiatori) di circa 180 milioni, ottenendo un risparmio di carburante e di spese di noleggio pari al 20%, ma sopportando il rischio di non essere in grado di soddisfare la domanda nei periodi di picco.

L'altra opzione, quella di applicare degli sconti sui biglietti, è invece caldeggiata dal responsabile commerciale, che sostiene la possibilità di applicarla immediatamente: uno sconto medio del 10% sul prezzo dei voli, può portare ad un incremento di viaggiatori del 15-20%.

4. La scelta

Il dott. Falco è preoccupato: non vuole fare cattiva impressione sugli azionisti e, nello stesso tempo, vuole risollevare le sorti della compagnia aerea, che nel tempo ha acquisito anche un buon consenso da parte dei clienti per qualità di servizio ed ha conquistato una buona brand equity.

17. GOODFOOD [1]

Sommario: 1. L'azienda multinazionale. – 2. Il piano strategico. – 3. Le risorse finanziarie. – 4. L'alternativa inaspettata.

1. L'azienda multinazionale

La multinazionale Goodfood opera nel settore del food and beverage. I prodotti tipici sono i seguenti:

- snack e patatine;
- succhi di frutta;
- bevande gassate.

La strategia di sviluppo impostata dal management è stata, fin dalla costituzione avvenuta per opera dei fratelli Herz negli anni '60, la crescita per linee esterne.

La società nacque come impresa imbottigliatrice di bibite gassate per un noto brand americano, ma nel tempo ha deciso di puntare su marchi indipendenti per sviluppare una propria linea di prodotti. Attualmente è un gruppo multinazionale i cui mercati di riferimento sono rappresentati da Italia, Francia, Spagna, Marocco e Tunisia.

Il fatturato è esposto nella tabella seguente (in migliaia di Euro):

	2017	2018	2019
Fatturato Italia	80.000	85.000	88.000
Fatturato estero	100.000	121.000	149.000

---

[1] Di Paolo Pietro Biancone.

2. Il piano strategico

L'AD dott. Jacobs vuole procedere nel completamento del piano di acquisizioni deliberato dal CDA su richiesta dei soci di controllo (crescita del fatturato di gruppo di almeno il 15% annuo).

L'azionariato è composto per il 90% dal Fondo di Investimento RiskNull e per il 10% dai vecchi proprietari ormai in pensione da anni.

È stato dato mandato ad una società di consulenza per l'individuazione di società target al fine di crescere dimensionalmente.

Il report degli advisor è riportato nella tavola seguente (dati in migliaia di Euro).

Denominazione società target	Paese	Tipo di produzione	Fatturato	Redditività (ROE)	Necessità di investimento	Prezzo di acquisizione	Valore delle attività nette *
Turckchips	Turchia	Snack	20.000	12%	Ordinaria manutenzione	10.000	7.000
Sodindia	India	Bevande	35.000	18%	Rinnovo impianti (stima 12 milioni di euro)	19.000	15.000
Tunisbevy	Tunisia	Food and Beverage	18.000	8%	Adeguamento impianti (stima 3 milioni di Euro)	8.000	6.000
Belgbiere	Belgio	Birra	21.000	15%	Ordinaria manutenzione	10.000	2.000

* La differenza tra prezzo e valore delle attività nette rappresenta l'avviamento ammortizzabile in 5 anni.

La swot analysis operata dai consulenti individua le seguenti informazioni:

	Fattori Esterni		**Fattori Interni**	
	Opportunità	**Minacce**	**Punti di forza**	**Punti di debolezza**
Turckchips	Tasso di crescita del mercato significativo	Instabilità politica del paese. Difficoltà di integrazione tra le diverse culture aziendali	Marchio molto conosciuto. Investimento limitato	Limitata crescita del gruppo
Sodindia	Tasso di crescita del mercato significativo e mercato importante in volumi	Possibili introduzioni di leggi o vincoli che possono ostacolare sviluppo e integrazione	Rete capillare di distribuzione sul territorio indiano	Necessità di ingenti investimenti di ammodernamento
Tunisbevy	Aumento della quota di mercato. Economia di scala attraverso integrazione con società esistente	Acuirsi della concorrenza a seguito dell'acquisizione e conseguente guerra dei prezzi con difficoltà di raggiungimento quota di mercato sperata	Localizzazione strategica complementare al presidio esistente	Impianti da rinnovare, limitata crescita del gruppo
Belgbiere	Possibilità di entrare in un mercato nuovo (Birra) potendo contare su know how collaudato ed esistente	Forte concorrenza di marchi più conosciuti	Management capace deciso a rimanere in azienda anche dopo l'acquisizione	Investimento limitato, tuttavia la valutazione dell'azienda risulta molto superiore al valore delle attività nette con il riconoscimento di un elevato avviamento.

3. Le risorse finanziarie

Il CFO Dr. Mark Havecash, nella sua recente comunicazione al Consiglio di amministrazione, ha dichiarato che le disponibilità liquide della Goodfood sono limitate (3-4 milioni di Euro al massimo) ma vi è la possibilità di accedere a diverse formule finanziarie riportate nella seguente tabella.

	Ammontare (in migliaia di Euro)	Durata	Tasso	Facilità di ottenimento
Aumento di capitale	10.000	–	–	Limitata a meno che non ci siano ottime prospettive e quindi possano essere coinvolti i soci (Fondo)
Emissione prestito obbligazionario	15.000	10 anni	5,4% variabile	La capogruppo ha un buon rating
Finanziamento M/L	10.000	5 anni	7% variabile	Sono richieste garanzie

I tempi stringono ed occorre procedere con la due diligence ed è necessario poi valutare il processo di integrazione.

4. L'alternativa inaspettata

In alternativa al completamento del piano strategico il CDA ha ricevuto un primo contatto amichevole da parte di un gruppo operante nel mercato nordamericano per l'acquisizione dell'80% del capitale.

Obiettivo dichiarato è quello di acquisire un canale nuovo di distribuzione dei prodotti (non in diretta concorrenza) e il mantenimento del management. Il Fondo di investimento, attuale proprietario del 90% del gruppo, otterrebbe in cambio una delle seguenti contropartite.

Contropartita	N.	Valore sul mercato	Altre condizioni
Azioni della società acquirente	5 milioni di azioni	18 $/azione	Vincolo di non alienazione per almeno 24 mesi
Denaro contante	85 milioni $		
Somma di denaro + azioni controllata non quotata operante nel settore beni di lusso acquisita negli ultimi anni come oggetto di diversificazione	25 milioni $ + 100% società Luxorygoods	70 milioni di $ (valore stimato di Luxorygoods in quanto non quotata)	–

Il cambio €/$ al momento dell'offerta è di 1,30.

L'amministratore delegato ha riferito al CDA del fondo azionista la situazione con la massima trasparenza, anche a seguito della sua delicata posizione.

La situazione del fondo di investimento è riportata nel seguito.

Portafoglio investimenti	**Quota**
Food	30%
Luxory	40%
Auto motive	20%
Biotech	10%
Altre informazioni	
Costo di acquisto della partecipazione in Goodfood (del 90%)	42 milioni di Euro
Orizzonte di investimento medio del fondo	6 anni
Performance media degli investimenti (incremento tra acquisto e vendita)	60%

Il management del fondo è sorpreso della proposta, ma non la giudica negativamente a priori.

18. CHIUSI-TECH [1]

Sommario: 1. Dalle campagne al mercato globale. – 2. Oltre le apparenze dei dati di bilancio.

1. Dalle campagne al mercato globale

Chiusi-Tech nasce nel 1962 in una zona prettamente agricola nota per la produzione di un apprezzato vino spumante italiano ben presto diffusosi e conosciuto in tutto il mondo.

Fin dalle origini Chiusi-Tech si è occupata della progettazione e produzione di macchine per l'imbottigliamento nel settore alimentare ed, in particolare, nel settore vitivinicolo grazie al quale è riuscita a sviluppare la propria attività. Il 70% circa del fatturato è realizzato in paesi esteri in cui Chiusi-Tech rappresenta il fornitore di tutte le più importanti aziende vitivinicole del mondo oltre che di birrerie, distillerie, oleifici, acetifici, produttori di bibite.

Il fattore critico di successo dell'azienda è rappresentato dalla capacità di comprendere le problematiche operative del cliente fornendo ad esso una risposta puntale, efficace e flessibile grazie all'utilizzo di soluzioni tecnologiche all'avanguardia, create su misura in base alle esigenze del cliente.

La rete commerciale di Chiusi-Tech è molto sviluppata, non solamente in Italia, laddove è presente una diffusa rete di rappresentanti ma anche nei mercati esteri grazie alla collaborazione di una fitta rete di agenti operanti in 23 paesi sparsi nei cinque continenti.

La governance dell'azienda è padronale suddivisa tra 5 soci con le seguenti quote di proprietà:

- Sig Bianchi 30%;
- Sig.ra Verdi 25%;
- Sig. Neri 20%;

---

[1] Di Fabio Sansalvadore.

- Sig. Rossi 15%;
- Sig. Gialli 10%.

Il Sig. Neri è amministratore unico della società.

2. Oltre le apparenze dei dati di bilancio

In occasione dell'ultima assemblea di approvazione del bilancio, i soci si congratulano con il Sig. Neri per l'eccellente lavoro svolto negli ultimi cinque anni grazie al quale i soci hanno ottenuto nel corso del tempo un rendimento del proprio investimento ritenuto soddisfacente.

Una voce fuori dal coro è quella della sig.ra Verdi la quale fa notare agli altri soci come la Chiusi-Tech negli ultimi anni abbia presentato uno strano andamento del fatturato il quale dopo un periodo di crescita si è dapprima stabilizzato e poi sia diminuito. L'utile, al contrario, prima è cresciuto e poi si è stabilizzato presentando un andamento non coerente con lo sviluppo del fatturato.

In particolare, i risultati degli ultimi cinque anni sono sintetizzati nella tabella che segue:

	2015	2016	2017	2018	2019
Fatturato	20.125.000	23.494.000	23.516.000	20.882.000	20.720.000
Costi operativi	13.763.000	15.573.000	15.636.000	15.915.000	20.884.000
Risultato operativo	6.362.000	7.921.000	7.880.000	4.967.000	– 164.000
Risultato gestione finanziaria	– 251.700	– 298.200	– 370.000	– 168.100	343.500
Risultato gestione straordinaria	– 16.000	– 18.000	– 19.000	2.627.000	7.119.000
Utile lordo	6.094.300	7.604.800	7.491.000	7.425.900	7.298.500
Imposte sul reddito	2.031.433	2.534.933	2.497.000	2.475.300	2.432.833
Reddito netto	4.062.867	5.069.867	4.994.000	4.950.600	4.865.667

Attivo	29.965.432	29.997.326	30.025.900	27.634.000	21.125.764
Patrimonio netto	21.958.932	20.710.826	19.432.900	16.826.500	9.908.764
Debiti	8.006.500	9.286.500	10.593.000	10.807.500	11.217.000

In particolare, la Sig.ra Verdi sollecita gli altri soci a non fermarsi alle apparenze dei dati e al consistente utile percepito nel corso dell'ultimo quinquennio ma li spinge ad una valutazione più approfondita dei dati di bilancio proponendo, in primis, l'analisi degli equilibri di bilancio. La stessa Sig.ra Verdi ritiene che sia necessario procedere all'assunzione di nuove decisioni di natura strategica senza le quali la situazione aziendale non può che peggiorare nel corso del tempo. I soci di Chiusi-Tech riflettono su queste affermazioni.

19. SYSTEM-ELECTRONICS [1]

Sommario: 1. Una storia di famiglia. – 2. Crescere si, ma come? – 3. Le proposte di crescita esterna.

1. Una storia di famiglia

La System-Electronics nasce agli inizi degli anni '80 – dalla collaborazione dei fratelli Miglio, Giuseppe e Paolo – come azienda con caratteri prettamente familiari e artigianali focalizzata sulla progettazione di impianti elettromeccanici per il settore industriale.

Giuseppe si è occupato fin da subito degli aspetti di natura commerciale e tecnica mentre il fratello Paolo ha curato gli aspetti amministrativi e finanziari.

Nata inizialmente come semplice attività di progettazione di impianti per l'automazione industriale ben presto ha sviluppato al proprio interno anche l'attività di produzione degli impianti stessi alla quale, con il passare del tempo, si è affiancata anche un'attività di assistenza after sale a favore della clientela che nel corso degli anni ha assunto sempre più connotati internazionali.

Il modo di operare dei fratelli Miglio ha permesso all'azienda, nel corso degli anni, di crescere in termini di addetti e fatturato determinando anche la necessità di ridefinire gli spazi a propria disposizione. L'azienda ha fin dall'origine ha assunto la forma giuridica di società in nome collettivo ed ha sempre mantenuto una governance familiare con una proprietà al 50% ripartita tra i due soci fondatori.

La System-Electronics si presenta, dunque, sul mercato non solamente come un semplice fornitore di macchine per la produzione industriale ma come un collaboratore fidato, capace di supportare la crescita delle aziende clienti e di rispondere all'evoluzione delle loro esigenze produttive grazie anche alla continua attività di rinnovamento del reparto interno di R&D che nel cor-

[1] Di Fabio Sansalvadore.

so dell'ultimo decennio è riuscito a depositare oltre venti brevetti. Tali risultati si sono ottenuti grazie anche alla collaborazione di Maurizio, figlio di Paolo, che entrò in azienda nel 2005 fresco di laurea in Ingegneria Elettronica.

2. Crescere si, ma come?

In occasione di un recente incontro tra i fratelli Miglio, durante il quale si analizzano i risultati conseguiti e si formulano le strategie di sviluppo futuro, vengono invitati a partecipare anche il dott. Meliga, commercialista che segue gli aspetti fiscali dell'azienda, il sig. Granoduro, controller interno, e Maurizio. Grazie anche alla collaborazione di una società di consulenza si valuta un piano quinquennale interno di sviluppo che prevede un investimento di € 6.000.000 per il quale si stima un rendimento medio annuo, per i successivi cinque anni, pari al 10% del capitale investito inizialmente.

Maurizio interviene nella riunione citando un articolo che recentemente aveva letto su una rivista specializzata di management sottolineando come, oltre alle possibilità di crescita interna (quali quelle valutate fino ad ora dai fratelli Miglio), vi siano anche opportunità di crescita esterna più semplici e veloci da realizzare attraverso investimenti nello stesso settore dell'automazione industriale oppure in altri settori produttivi.

I fratelli Miglio – pur sottolineando come la crescita interna di questi anni si sia realizzata in maniera equilibrata, omogenea e graduale – sono consapevoli che forme di sviluppo interno richiedano un piano di investimenti ben congegnato, monitorato costantemente e, dunque, sono fortemente interessati dalle osservazioni di Maurizio, chiedendogli di sottoporre alla loro attenzione alcune proposte di investimento.

3. Le proposte di crescita esterna

Maurizio entusiasta della fiducia ricevuta dal padre e dallo zio si mette subito all'opera e ricerca, avvalendosi di un advisor, alcune opportunità di investimento. Dopo circa un mese di lavoro, incontri con soggetti interessati a vendere le proprie aziende e analisi del mercato presenta tre differenti possibilità di investimento (aziende) le cui caratteristiche sono evidenziate nella tabella seguente.

	Alfa	Beta	Gamma
Valore di acquisto	€ 6.000.000	€ 6.000.000	€ 1.500.000
Attività esercitata	Azienda vitivinicola	Progettazione di impianti elettromeccanici per il settore alimentare	Progettazione di impianti elettromeccanici per il settore industriale
% vendite estere	70%	80%	15%
Prospettiva crescita fatturato	20%	15%	5%
Economie di scala sui costi operativi*	10%	5%	20%

* Riduzioni dei costi operativi per effetto dell'acquisizione.

Una sintesi dei dati economico-finanziari delle tre proposte di investimento è, invece, riassunta nella tabella seguente.

	Alfa	Beta	Gamma
Valore della produzione	16.125.000	18.494.000	17.824.000
Costi della produzione	15.363.000	17.373.000	18.367.000
Risultato operativo	762.000	1.121.000	– 543.000
Risultato gestione finanziaria	– 46.000	– 618.000	– 75.000
Risultato gestione straordinaria	– 5.000	2.000	1.700.000
Utile lordo	711.000	505.000	1.082.000
Imposte sul reddito	237.000	168.333	360.667
Reddito netto	474.000	336.667	721.333

Attivo	9.200.000	18.700.000	8.800.000
Patrimonio netto	6.000.000	6.000.000	1.500.000
Debiti	3.200.000	12.700.000	7.300.000

I fratelli Miglio rimangono positivamente impressionati dalle proposte di Maurizio e sono intenzionati ad accordargli la loro fiducia decidendo di realizzare un'operazione di crescita esterna ma sono perplessi circa la scelta della soluzione più idonea sia sotto il profilo economico, sia sotto il profilo strategico.

20. MISCHIATUTTO ALLA RESA DEI CONTI [1]

Il dott. Mischiatutto, manager di lungo corso, vuole stimolare i suoi due figli gemelli Rinaldo e Vladimiro alla lettura dei bilanci in modo da iniziarli ad un percorso di studi in economia aziendale e poi ad una auspicabile brillante carriera in azienda.

Per suscitare un po' di interesse ha recuperato alcuni schemi di stato patrimoniale e conto economico in versione sintetica e ha chiesto ai figlioli di individuare da un punto di vista teorico il contenuto del bilancio e i punti di maggiore criticità.

Impresa Alfa

STATO PATRIMONIALE					
ATTIVO			**PASSIVO**		
	T_0	**T_1**		**T_0**	**T_1**
Immobilizzazioni – Immobilizzazioni immateriali – Immobilizzazioni materiali Attivo circolante …………………… Crediti verso clienti …………………… Cassa Banca			Patrimonio netto TFR Debiti a breve – Finanziari – Commerciali verso fornitori ………………………… Debiti a lungo – Finanziari …………………………		
TOTALE ATTIVO			TOTALE PASSIVO		

[1] Di Paolo Pietro Biancone.

Impresa Alfa

CONTO ECONOMICO		
	T_0	**T_1**
Ricavi di vendita di servizi		
....		
Costi		
....		
– per il personale		
– ammortamenti		
....		
DIFFERENZA TRA VALORE E COSTI DELLA PRODUZIONE		
– Interessi passivi		
....		
Imposte		
RISULTATO NETTO		

Impresa Beta

STATO PATRIMONIALE					
ATTIVO			**PASSIVO**		
	T_0	**T_1**		**T_0**	**T_1**
Immobilizzazioni			Patrimonio netto		
– Immobilizzazioni immateriali (Brevetti, Marchi, etc)			....		
– Immobilizzazioni materiali (Impianti, Macchinari, Attrezzature industriali e commerciali)			TFR		
....					
....					
Rimanenze			Debiti		
– Materie Prime			– Finanziari		
– Semilavorati			– Commerciali verso fornitori		
– Prodotti Finiti					
			....		
Crediti verso clienti			....		
....					
Cassa					
Banca					
TOTALE ATTIVO			TOTALE PASSIVO		

Impresa Beta

CONTO ECONOMICO		
	T_0	**T_1**
Ricavi di vendita di beni e servizi		
………………….		
Costi – per materie prime, – per il personale – ammortamenti		
………………….		
………………….		
DIFFERENZA TRA VALORE E COSTI DELLA PRODUZIONE		
………………….		
Interessi passivi		
………………….		
Imposte		
RISULTATO NETTO		

Impresa Gamma

STATO PATRIMONIALE					
ATTIVO			**PASSIVO**		
	T_0	**T_1**		**T_0**	**T_1**
Cassa e Disponibilità liquide Attività finanziarie (es. partecipazioni, titoli di stato)			Debiti – verso altre banche – verso clientela		
………………………			…………………………		
Crediti : – verso altre banche – verso clientela			TFR Fondi per rischi e oneri		
………………………			…………………………		
Partecipazioni			Capitale Riserve Utile (perdita) dell'esercizio (+/–)		
………………………					
Attività materiali e immateriali					
TOTALE ATTIVO			TOTALE DEL PASSIVO E DEL PATRIMONIO NETTO		

Impresa Gamma

CONTO ECONOMICO		
	T_0	T_1
Interessi attivi		
Interessi passivi		
MARGINE DI INTERESSE		
Commissioni attive		
Commissioni passive		
COMMISSIONI NETTE		
MARGINE DI INTERMEDIAZIONE		
....		
RISULTATO NETTO DELLA GESTIONE FINANZIARIA E ASSICURATIVA		
....		
COSTI OPERATIVI		
....		
Imposte		
UTILE (PERDITA) DELL'ESERCIZIO		

Impresa Delta

STATO PATRIMONIALE					
ATTIVO			PASSIVO		
	T_0	T_1		T_0	T_1
			Patrimonio netto		
....			TFR		
Attivo circolante			....		
– Rimanenze di Merci			Debiti a breve		
– Crediti verso clienti			– Debiti verso fornitori		
			....		
....					
Cassa					
Banca					
TOTALE ATTIVO			TOTALE PASSIVO		

Impresa Delta

CONTO ECONOMICO	T_0	T_1
Ricavi di vendita di merci		
………………….		
Costi		
– per acquisto di merci		
………………….		
– per il personale		
…………………..		
DIFFERENZA TRA VALORE E COSTI DELLA PRODUZIONE		
………………….		
Imposte		
RISULTATO NETTO		

I due ragazzi apparivano annoiati dalla richiesta, rispondendo svogliatamente. Il dott. Mischiatutto comprendeva lo stato d'animo: a suo tempo, alla loro età, anche lui provava senso di noia per un documento che sembrava "arido e insignificante". Allora decise di cambiare strategia: imparare a comprendere giocando.

Prese tre bilanci già compilati di tre aziende di settori diversi, ben conosciute dai ragazzi, come consumatori abituali dei loro prodotti o servizi, e chiese loro di scoprire chi fossero, individuando il settore.

Il gioco piacque molto, e, dopo parecchi tentativi, decisero di farsi aiutare da loro giovani amici, già iscritti al primo anno di economia aziendale.

Siete Voi gli amici dei due figli del dott. Mischiatutto, aiutateli!

I. Stato Patrimoniale Consolidato

(importi in migliaia di Euro)

Voci dell'attivo		31/12/2016		31/12/2015*
10 Cassa e disponibilita' liquide		**30.254**		**22.348**
20 Attività finanziarie detenute per la negoziazione		**602.507**		**892.185**
40 Attività finanziarie disponibili per la vendita		**432.336**		**355.487**
50 Attività finanziarie detenute sino alla scadenza		**75.259**		**81.888**
60 Crediti verso banche		**169.279**		**220.405**
70 Crediti verso clientela		**356.583**		**377.101**
80 Derivati di copertura		**3.144**		**114**
120 Attività materiali		**52.207**		**52.618**
130 Attività immateriali		**5.155**		**4.826**
di cui:				
- avviamento	3.047		3.047	
140 Attività fiscali		**14.465**		**14.244**
a) correnti	2.880		3.844	
b) anticipate	11.585		10.400	
di cui alla L. 214/2011	1.792		1.887	
160 Altre attività		**37.224**		**18.735**
Totale dell'attivo		**1.778.413**		**2.039.951**

* Alcune voci del 2015 sono state riclassificate per una migliore comparazione con quelle del 2016

(importi in migliaia di Euro)

Voci del passivo e del patrimonio netto		31/12/2016		31/12/2015
10 Debiti verso banche:		**358.308**		**787.668**
20 Debiti verso clientela		**879.010**		**697.070**
40 Passività finanziarie di negoziazione		**306.328**		**316.738**
60 Derivati di copertura		**27.697**		**24.325**
80 Passività fiscali		**2.064**		**3.656**
a) correnti	239		922	
b) differite	1.825		2.734	
100 Altre passività		**21.570**		**19.427**
110 Trattamento di fine rapporto del personale		**1.902**		**2.020**
120 Fondi per rischi ed oneri:		**5.060**		**5.651**
a) quiescenza e obblighi simili	4.526		3.566	
b) altri fondi	534		2.085	
140 Riserve da valutazione		**(4.246)**		**1.697**
170 Riserve		**22.169**		**21.089**
180 Sovrapprezzi di emissione		**82**		**82**
190 Capitale		**136.994**		**136.994**
200 Azioni proprie (-)		**(2.290)**		**(3.706)**
210 Patrimonio di pertinenza di terzi (+/-)		**21.530**		**21.444**
220 Utile (Perdita) d'esercizio (+/-)		**2.236**		**5.796**
Totale del passivo e del patrimonio netto		**1.778.413**		**2.039.951**

Conto Economico Consolidato

(importi in migliaia di Euro)

Voci			12 2016		12 2015
10	Interessi attivi e proventi assimilati		17.093		18.640
20	Interessi passivi e oneri assimilati:		(1.068)		(3.053)
30	**Margine di interesse**		**16.025**		**15.587**
40	Commissioni attive		24.020		29.178
50	Commissioni passive		(3.530)		(3.565)
60	**Commissioni nette**		**20.490**		**25.613**
70	Dividendi e proventi simili		7.946		3.981
80	Risultato netto dell'attività di negoziazione		(1.766)		4.332
90	Risultato netto dell'attività di copertura		(125)		293
100	Utili (Perdite) da cessione o riacquisto di:		7.320		9.596
	b) attività finanziarie disponibili per la vendita	7.320		9.596	
120	**Margine di intermediazione**		**49.890**		**59.402**
130	Rettifiche/riprese di valore nette per deterioramento di:		**(219)**		**(843)**
	a) crediti	(42)		(650)	
	b) attività finanziarie disponibili per la vendita	(177)		(193)	
140	**Risultato netto della gestione finanziaria**		**49.671**		**58.559**
170	**Risultato netto della gestione finanziaria e assicurativa**		**49.671**		**58.559**
180	Spese amministrative:		**(49.968)**		**(50.868)**
	a) spese per il personale	(27.515)		(29.156)	
	b) altre spese amministrative	(22.453)		(21.712)	
190	Accantonamenti netti ai fondi per rischi e oneri		860		(1.077)
200	Rettifiche/riprese di valore nette su attività materiali		(966)		(1.185)
210	Rettifiche/riprese di valore nette su attività immateriali		(814)		(705)
220	Altri oneri/proventi di gestione		4.220		4.227
230	**Costi operativi**		**(46.668)**		**(49.608)**
280	**Utile (Perdita) della operatività corrente al lordo delle imposte**		**3.003**		**8.951**
290	Imposte sul reddito dell'esercizio dell'operatività corrente		(558)		(3.164)
300	**Utile (Perdita) della operatività corrente al netto delle imposte**		**2.445**		**5.787**
320	**Utile (Perdita) d'esercizio**		**2.445**		**5.787**
330	(Utile) / Perdita d'esercizio di pertinenza di terzi		(209)		9
340	**Utile/(Perdita) d'esercizio di pertinenza della capogruppo**		**2.236**		**5.796**
	Utile base per azione		**0,003**		**0,009**
	Utile diluito per azione		**0,003**		**0,009**

Prospetto della Redditività Complessiva

(importi in migliaia di Euro)

Voci		12 2016	12 2015
10.	**Utile (Perdita) d'esercizio**	**2.445**	**5.787**
	Altre componenti reddituali al netto delle imposte senza rigiro a conto economico		
40.	Piani a benefici definiti	(394)	(93)
	Altre componenti reddituali al netto delle imposte con rigiro a conto economico		
100.	Attività finanziarie disponibili per la vendita	(5.550)	3.301
130.	**Totale altre componenti reddituali al netto delle imposte**	**(5.943)**	**3.208**
140.	**Redditività complessiva (Voce 10 +130)**	**(3.498)**	**8.995**
150.	**Redditività consolidata complessiva di pertinenza di terzi**	**(209)**	**9**
160.	**Redditività consolidata complessiva di pertinenza della capogruppo**	**(3.708)**	**9.004**

Prospetto delle Variazioni del Patrimonio Netto Consolidato

Prospetto delle variazioni del patrimonio netto consolidato 2015

(importi in migliaia di Euro)

		Allocazione risultato esercizio precedente		Variazioni dell'esercizio									
					Operazioni sul patrimonio netto								
	Esistenze al 1.1.2015	Riserve	Dividendi e altre destinazioni	Variazioni di riserve	Emissione nuove azioni	Acquisto azioni proprie	Distribuzione straordinaria dividendi	Variazione strumenti di capitale	Derivati su proprie azioni	Stock options	Redditività complessiva 2015	Patrimonio netto del gruppo al 31.12.2015	Patrimonio netto di terzi al 31.12.2015
Capitale	*136.875*	-	-	-	*119*	-	-	-	-	-	-	*136.994*	*5.273*
a) azioni ordinarie	136.875	-	-	-	119	-	-	-	-	-	-	136.994	5.273
b) altre azioni	-	-	-	-	-	-	-	-	-	-	-	-	
Sovrapprezzi di emissione	-	-	-	-	82	-	-	-	-	-	-	82	
Riserve	*16.700*	*1.491*	-	3.684	-	-	-	-	- -	786	-	*21.089*	*16.368*
a) di utili	16.700	1.491		3.684	-	-	-	-	-	-786	-	21.089	16.368
b) altre	-	-	-				-	-	-	-	-	-	
Riserve da valutazione	*-1.511*	-	-	-	-	-	-	-	-	-	3.208	*1.697*	*-188*
Strumenti di capitale													
Azioni proprie	*-4.243*			537								*-3.706*	
Utile (Perdita) del periodo	*3.484*	*-1.491*	*-1.993*								5.796	*5.796*	*-9*
Patrimonio netto del gruppo	**151.305**	-	-1.993	4.221	200	-	-	-	- -	786	9.004	**161.952**	
Patrimonio netto di terzi	**19.841**	-		1.612								**-9**	**21.444**

Prospetto delle variazioni del patrimonio netto consolidato 2016

(importi in migliaia di Euro)

		Allocazione risultato esercizio precedente		Variazioni dell'esercizio									
					Operazioni sul patrimonio netto								
	Esistenze al 1.1.2016	Riserve	Dividendi e altre destinazioni	Variazioni di riserve	Emissione nuove azioni	Acquisto azioni proprie	Distribuzione straordinaria dividendi	Variazione strumenti di capitale	Derivati su proprie azioni	Stock options	Redditività complessiva 2016	Patrimonio netto del gruppo al 31.12.2016	Patrimonio netto di terzi al 31.12.2016
Capitale	*136.994*	-	-	-	*0*	-	-	-	-	-	-	*136.994*	*5.320*
a) azioni ordinarie	136.994	-	-	-		-	-	-	-	-	-	136.994	
b) altre azioni	-	-	-	-		-	-	-	-	-	-	-	
Sovrapprezzi di emissione	*82*	-	-	-		-	-	-	-	-	-	82	
Riserve	*21.089*	*1.808*	-		-	-	-	-	-	-	-	*22.169*	*16.537*
a) di utili	21.089	1.808		-728	-	-	-	-	-		-	22.169	16.537
b) altre	-	-	-				-	-	-	-	-	-	
Riserve da valutazione	*1.697*	-	-	-	-	-	-	-	-	-	-5.943	*-4.246*	*-536*
Strumenti di capitale													
Azioni proprie	*-3.706*			1.416								*-2.290*	
Utile (Perdita) del periodo	*5.796*	*-1.808*	*-3.988*								2.236	*2.236*	*209*
Patrimonio netto del gruppo	**161.952**	-	-3.988	1.416	-	-	-	-	-	- -	3.708	**154.944**	
Patrimonio netto di terzi	**21.444**	-		123								**209**	**21.530**

Rendiconto Finanziario Consolidato (metodo diretto)

(importi in migliaia di Euro)

A. ATTIVITA' OPERATIVA	Importo 2016	2015
1. Gestione	**5.263**	**9.359**
- interessi attivi incassati	17.093	18.640
- interessi passivi pagati	(1.068)	(3.053)
- dividendi e proventi simili	7.946	3.981
- commissioni nette	20.490	25.613
- spese per il personale	(26.696)	(28.316)
- altri costi	(21.593)	(22.790)
- altri ricavi	9.649	18.448
- imposte e tasse	(558)	(3.164)
2. Liquidità generata/assorbita dalle attività finanziarie	**250.818**	**(144.138)**
- attività finanziarie detenute per la negoziazione	289.678	(185.121)
- attività finanziarie disponibili per la vendita	(77.025)	36.047
- attività finanziarie detenute sino alla scadenza	6.629	(41.206)
- derivati di copertura	(3.031)	(114)
- crediti verso clientela	20.476	66.024
- crediti verso banche : a vista		
- crediti verso banche : altri crediti	32.801	(23.592)
- altre attività	(18.710)	3.823
3. Liquidità generata/assorbita dalle passività finanziarie	**(253.371)**	**163.820**
- debiti verso banche : a vista		(30.000)
- debiti verso banche : altri debiti	(427.297)	254.713
- debiti verso clientela	181.940	(30.829)
- passività finanziarie di negoziazione	(10.410)	(15.390)
- derivati di copertura	3.372	(9.089)
- altre passività	(976)	(5.586)
Liquidità generata/assorbita dall'attività operativa	**2.710**	**29.041**
B. ATTIVITA' DI INVESTIMENTO		
1. Liquidità generata da	**-**	**-**
- vendite di partecipazioni	-	
2. Liquidità assorbita da	**(1.696)**	**(1.835)**
- acquisti di attività materiali	(554)	(392)
- acquisti di attività immateriali	(1.142)	(1.443)
Liquidità generata/assorbita dall'attività d'investimento	**(1.696)**	**(1.835)**
C. ATTIVITA' DI PROVVISTA	**(9.366)**	**6.462**
- emissioni/acquisti di azioni proprie	1.416	537
- distribuzione dividendi e altre finalità	(10.782)	5.925
Liquidità netta generata/assorbita dall'attività di provvista	**(9.366)**	**6.462**
LIQUIDITA' NETTA GENERATA/ASSORBITA NELL'ESERCIZIO	**(8.353)**	**33.668**

RICONCILIAZIONE

Voci di Bilancio	31/12/2016	31/12/2015
Cassa e disponibilità liquide all'inizio dell'esercizio	82.522	48.854
Liquidità totale netta generata/assorbita nell'esercizio	(8.353)	33.668
Cassa e disponibilità liquide alla chiusura dell'esercizio	**74.169**	**82.522**

II. Situazione patrimoniale-finanziaria

importi in Euro	Nota	30/06/2016	30/06/2015	Variazioni
Attività non correnti				
Diritti pluriennali alle prestazioni dei calciatori, netti	8	**186.169.099**	114.235.445	71.933.654
Altre attività immateriali	9	**32.238.998**	31.118.063	1.120.935
Immobilizzazioni immateriali in corso e acconti	10	**654.260**	1.169.157	(514.897)
Terreni e fabbricati	11	**135.555.977**	134.056.117	1.499.860
Altre attività materiali	12	**24.941.093**	25.433.871	(492.778)
Immobilizzazioni materiali in corso e acconti	13	**343.939**	1.747.418	(1.403.479)
Partecipazioni	14	**9.000**	-	9.000
Attività finanziarie non correnti	15	**18.410.635**	4.100.000	14.310.635
Imposte differite attive	16	**6.673.620**	5.269.231	1.404.389
Crediti verso società calcistiche per campagne trasferimenti	17	**27.812.070**	31.649.348	(3.837.278)
Altre attività non correnti	18	**4.221.426**	4.244.740	(23.314)
Totale attività non correnti		**437.030.117**	353.023.390	84.006.727
Attività correnti				
Rimanenze	19	**1.052.632**	1.326.539	(273.907)
Crediti commerciali	20	**24.039.111**	31.564.078	(7.524.967)
Crediti commerciali e altri crediti verso parti correlate	60	**3.532.044**	492.399	3.039.645
Crediti verso società calcistiche per campagne trasferimenti	17	**42.976.735**	48.104.690	(5.127.955)
Altre attività correnti	18	**11.199.637**	5.207.389	5.992.248
Attività finanziarie correnti	15	**14.192.366**	-	14.192.366
Disponibilità liquide	21	**28.618.353**	3.126.754	25.491.599
Totale attività correnti		**125.610.878**	89.821.849	35.789.029
Anticipi versati				
Anticipi non correnti		**13.361.323**	13.349.271	12.052
Anticipi correnti		**1.555.928**	6.012.598	(4.456.670)
Totale anticipi versati	22	**14.917.251**	19.361.869	(4.444.618)
Attività destinate alla vendita	23	-	12.061.231	(12.061.231)
Totale attivo		**577.558.246**	474.268.339	103.289.907

importi in Euro	Nota	30/06/2016	30/06/2015	Variazioni
Patrimonio netto				
Capitale sociale		**8.182.133**	8.182.133	-
Riserva da sovrapprezzo azioni		**34.310.104**	34.382.673	(72.569)
Riserva legale		**114.913**	-	114.913
Riserva da cash flow hedge		-	(217.625)	217.625
Riserva da utili/perdite attuariali		**127.775**	-	127.775
Riserva da fair value attività finanziarie		**4.403.001**	-	4.403.001
Utili portati a nuovo		**2.183.350**	-	2.183.350
Utile dell'esercizio		**4.062.312**	2.298.263	1.764.049
Totale patrimonio netto	24	**53.383.588**	44.645.444	8.738.144
Passività non correnti				
Fondi per benefici ai dipendenti	25	**4.540.034**	156.480	4.383.554
Prestiti e altri debiti finanziari	26	**154.831.816**	46.399.770	108.432.046
Debiti verso società calcistiche per campagne trasferimenti	27	**56.090.173**	26.056.257	30.033.916
Imposte differite passive	28	**6.488.110**	5.896.535	591.575
Altre passività non correnti	29	**3.619.511**	2.757.815	861.696
Totale passività non correnti		**225.569.644**	81.266.857	144.302.787
Passività correnti				
Fondi per rischi e oneri	30	**2.669.802**	354.125	2.315.677
Prestiti e altri debiti finanziari	26	**77.256.387**	149.501.032	(72.244.645)
Passività finanziarie correnti	31	-	228.043	(228.043)
Debiti commerciali	32	**14.186.457**	20.129.717	(5.943.260)
Debiti commerciali e altri debiti verso parti correlate	60	**1.206.036**	2.468.435	(1.262.399)
Debiti verso società calcistiche per campagne trasferimenti	27	**93.139.548**	67.583.202	25.556.346
Altre passività correnti	29	**63.082.742**	57.232.964	5.849.778
Totale passività correnti		**251.540.972**	297.497.518	(45.956.546)
Anticipi ricevuti				
Anticipi non correnti		**31.547.051**	35.543.005	(3.995.954)
Anticipi correnti		**15.516.991**	15.315.515	201.476
Totale anticipi ricevuti	33	**47.064.042**	50.858.520	(3.794.478)
Totale passivo		**577.558.246**	474.268.339	103.289.907

Conto economico

importi in Euro	Nota	Esercizio 2015/2016	Esercizio 2014/2015*	Variazioni
Ricavi da gare	34	**43.667.912**	51.368.524	(7.700.612)
Diritti radiotelevisivi e proventi media	35	**194.897.031**	197.247.931	(2.350.900)
Ricavi da sponsorizzazioni e pubblicità	36	**70.008.038**	53.224.218	16.783.820
Ricavi da vendite di prodotti e licenze	37	**13.509.887**	-	13.509.887
Proventi da gestione diritti calciatori	38	**46.403.703**	23.527.518	22.876.185
Altri ricavi	39	**19.414.202**	22.825.694	(3.411.492)
Totale ricavi		**387.900.773**	348.193.885	39.706.888
Acquisti di materiali, forniture e altri approvvigionamenti	40	**(3.380.235)**	(3.103.221)	(277.014)
Acquisti di prodotti per la vendita	41	**(4.344.289)**	-	(4.344.289)
Servizi esterni	42	**(51.503.546)**	(45.888.195)	(5.615.351)
Personale tesserato	43	**(197.742.952)**	(178.839.411)	(18.903.541)
Altro personale	44	**(23.740.893)**	(19.590.646)	(4.150.247)
Oneri da gestione diritti calciatori	45	**(10.940.840)**	(7.090.063)	(3.850.777)
Altri oneri	46	**(8.441.139)**	(9.343.474)	902.335
Totale costi operativi		**(300.093.894)**	(263.855.010)	(36.238.884)
Ammortamenti e svalutazioni diritti calciatori	47	**(67.046.721)**	(57.874.089)	(9.172.632)
Ammortamenti altre attività materiali e immateriali	48	**(9.284.550)**	(8.476.726)	(807.824)
Accantonamenti, svalutazioni e rilasci di fondi	49	**(1.900.000)**	(434.553)	(1.465.447)
Altri ricavi ed oneri non ricorrenti	50	**10.638.769**	1.750.000	8.888.769
Risultato operativo		**20.214.377**	19.303.507	910.870
Proventi finanziari	51	**2.408.661**	2.365.061	43.600
Oneri finanziari	52	**(10.353.937)**	(10.860.663)	506.726
Quota di pertinenza del risultato di società collegate e *joint venture*		**(661.133)**	-	(661.133)
Risultato prima delle imposte		**11.607.968**	10.807.905	800.063
Imposte correnti	53	**(8.431.039)**	(7.992.976)	(438.063)
Imposte differite e anticipate	53	**885.383**	(516.666)	1.402.049
Utile dell'esercizio		**4.062.312**	2.298.263	1.764.049
Utile dell'esercizio per azione, base e diluita	54	**0,004**	0,002	0,002

* Al fine di permettere la comparabilità dei dati, sono state riclassificate dalla voce "Ricavi da sponsorizzazioni e pubblicità" le royalties su sfruttamento diritti media, pari a € 531.058, alla voce "Diritti radiotelevisivi e proventi media". Sono state inoltre riclassificate dalla voce "Altri ricavi" i proventi da produzioni e accesso al segnale diritti media, pari a € 2.006.055, alla voce "Diritti radiotelevisivi e proventi media".

Conto economico complessivo

importi in Euro	Esercizio 2015/2016	Esercizio 2014/2015	Variazioni
Utile/(Perdita) dell'esercizio (A)	**4.062.312**	2.298.263	1.764.049
Altri Utili (Perdite) iscritti a riserva da cash flow hedge	**217.625**	234.582	(16.957)
Altri Utili (Perdite) iscritti a riserva da fair value attività finanziarie	**4.403.001**	-	4.403.001
Effetto fiscale relativo agli altri Utili (Perdite) complessivi che saranno successivamente riclassificati a conto economico	-	-	-
Totale Altri Utili (Perdite) complessivi che saranno successivamente riclassificati a conto economico, al netto dell'effetto fiscale (B1)	**4.620.626**	234.582	4.386.044
Altri Utili (Perdite) iscritti a riserva da utili (perdite) attuariali	**127.775**	(441.331)	569.106
Effetto fiscale relativo agli altri Utili (Perdite) complessivi che non saranno successivamente riclassificati a conto economico	-	-	-
Totale Altri Utili (Perdite) complessivi che non saranno successivamente riclassificati a conto economico, al netto dell'effetto fiscale (B2)	**127.775**	(441.331)	569.106
Totale Altri Utili (Perdite), al netto dell'effetto fiscale (B)=(B1)+(B2)	**4.748.401**	(206.749)	4.955.150
Utile/(Perdita) complessivo (A+B)	**8.810.713**	2.091.514	6.719.199

III. Situazione patrimoniale-finanziaria consolidata

Attività

(milioni di euro)	note	31.12.2016	di cui con parti correlate	31.12.2015 Rivisto	di cui con parti correlate	1.1.2015 Rivisto	di cui con parti correlate
Attività non correnti							
Attività immateriali							
Avviamento	4)	29.612		29.383		29.943	
Attività immateriali a vita utile definita	5)	6.951		6.480		6.827	
		36.563		**35.863**		**36.770**	
Attività materiali	6)						
Immobili, impianti e macchinari di proprietà		13.947		12.659		12.544	
Beni in locazione finanziaria		2.413		2.208		843	
		16.360		**14.867**		**13.387**	
Altre attività non correnti							
Partecipazioni in imprese collegate e Joint Ventures valutate con il metodo del patrimonio netto	7)	18		41		36	
Altre partecipazioni	7)	46		45		43	
Attività finanziarie non correnti	8)	2.698	*532*	2.989	*549*	2.445	*374*
Crediti vari e altre attività non correnti	9)	2.222		1.804		1.624	
Attività per imposte anticipate	10)	877		853		1.118	
		5.861		**5.732**		**5.266**	
Totale Attività non correnti (a)		**58.784**		**56.462**		**55.423**	
Attività correnti							
Rimanenze di magazzino	11)	270		254		313	
Crediti commerciali, vari e altre attività correnti	12)	5.426	*136*	5.086	*137*	5.607	*152*
Crediti per imposte sul reddito	10)	94		163		101	
Attività finanziarie correnti	8)						
Titoli diversi dalle partecipazioni, crediti finanziari e altre attività finanziarie correnti		1.908	*132*	1.840	*63*	1.611	*66*
Cassa e altre disponibilità liquide equivalenti		3.964	*621*	3.559	*72*	4.812	*174*
		5.872	*753*	5.399	*135*	6.423	*240*
Sub-totale Attività correnti		**11.662**		**10.902**		**12.444**	
Attività cessate/ Attività non correnti destinate ad essere cedute	13)						
di natura finanziaria		-		227		165	
di natura non finanziaria		-		3.677	*23*	3.564	*19*
		-		**3.904**		**3.729**	
Totale Attività correnti (b)		**11.662**		**14.806**		**16.173**	
Totale Attività (a+b)		**70.446**		**71.268**		**71.596**	

Patrimonio netto e Passività

(milioni di euro)	note	31.12.2016	*di cui con parti correlate*	31.12.2015 Rivisto	*di cui con parti correlate*	1.1.2015 Rivisto	*di cui con parti correlate*
Patrimonio netto	14)						
Capitale emesso		11.677		10.740		10.723	
meno: Azioni proprie		(90)		(90)		(89)	
Capitale		**11.587**		**10.650**		**10.634**	
Riserva da sovrapprezzo azioni		2.094		1.731		1.725	
Altre riserve e utili (perdite) accumulati, incluso l'utile (perdita) dell'esercizio		7.526		5.173		5.709	
Patrimonio netto attribuibile ai Soci della Controllante		**21.207**		**17.554**		**18.068**	
Patrimonio netto attribuibile alle partecipazioni di minoranza		2.346		3.695		3.516	
Totale Patrimonio netto	(c)	**23.553**		**21.249**		**21.584**	
Passività non correnti							
Passività finanziarie non correnti	15)	30.469	*912*	30.518	*937*	32.325	*469*
Fondi relativi al personale	20)	1.355		1.420		1.056	
Fondo imposte differite	10)	293		323		438	
Fondi per rischi e oneri	21)	830		551		720	
Debiti vari e altre passività non correnti	22)	1.607	*2*	1.429		984	*1*
Totale Passività non correnti	(d)	**34.554**		**34.241**		**35.523**	
Passività correnti							
Passività finanziarie correnti	15)	4.056	*133*	6.224	*168*	4.686	*107*
Debiti commerciali, vari e altre passività correnti	23)	7.646	*263*	7.563	*217*	8.249	*213*
Debiti per imposte sul reddito	10)	637		110		36	
Sub-totale Passività correnti		**12.339**		**13.897**		**12.971**	
Passività direttamente correlate ad Attività cessate/Attività non correnti destinate ad essere cedute	13)						
di natura finanziaria		-		348		43	
di natura non finanziaria		-		1.533	*16*	1.475	*16*
		-		1.881		1.518	
Totale Passività correnti	(e)	**12.339**		**15.778**		**14.489**	
Totale Passività	(f=d+e)	**46.893**		**50.019**		**50.012**	
Totale Patrimonio netto e passività	(c+f)	**70.446**		**71.268**		**71.596**	

Conto economico separato consolidato

(milioni di euro)	note	Esercizio 2016	di cui con parti correlate	Esercizio 2015 Rivisto	di cui con parti correlate
Ricavi	25)	**19.025**	*342*	**19.719**	*424*
Altri proventi	26)	311	*1*	287	*1*
Totale ricavi e proventi operativi		**19.336**		**20.006**	
Acquisti di materie e servizi	27)	(7.793)	*(238)*	(8.532)	*(251)*
Costi del personale	28)	(3.106)	*(121)*	(3.589)	*(103)*
Altri costi operativi	29)	(1.083)	*(1)*	(1.491)	*(1)*
Variazione delle rimanenze		9		(44)	
Attività realizzate internamente	30)	639		656	
Risultato operativo ante ammortamenti, plusvalenze/(minusvalenze) e ripristini di valore/(svalutazioni) di attività non correnti (EBITDA)		**8.002**		**7.006**	
di cui: impatto delle Partite di natura non ricorrente	41)	*(197)*		*(1.076)*	
Ammortamenti	31)	(4.291)		(4.135)	
Plusvalenze/(Minusvalenze) da realizzo di attività non correnti	32)	14		336	-
Ripristini di valore/(Svalutazioni) di attività non correnti	33)	(3)		(244)	
Risultato operativo (EBIT)		**3.722**		**2.963**	
di cui: impatto delle Partite di natura non ricorrente	41)	*(185)*		*(990)*	
Quota dei risultati delle partecipazioni in imprese collegate e Joint Ventures valutate con il metodo del patrimonio netto	7)	(23)		1	
Altri proventi/(oneri) da partecipazioni	34)	7		10	*(4)*
Proventi finanziari	35)	2.543	*108*	2.760	*123*
Oneri finanziari	35)	(3.450)	*(114)*	(5.281)	*(97)*
Utile (perdita) prima delle imposte derivante dalle attività in funzionamento		**2.799**		**453**	
di cui: impatto delle Partite di natura non ricorrente	41)	*(210)*		*(1.011)*	
Imposte sul reddito	10)	(880)		(403)	
Utile (perdita) derivante dalle attività in funzionamento		**1.919**		**50**	
Utile (perdita) da Attività cessate/Attività non correnti destinate ad essere cedute	13)	47	9	611	64
Utile (perdita) dell'esercizio	36)	**1.966**		**661**	
di cui: impatto delle Partite di natura non ricorrente	41)	*(159)*		*(774)*	
Attribuibile a:					
Soci della Controllante		**1.808**		**(70)**	
Partecipazioni di minoranza		158		731	

(euro)		Esercizio 2016	Esercizio 2015 Rivisto
Risultato per azione:			
Risultato per azione (Base=Diluito)	37)		
Azione ordinaria		0,08	0,00
Azione di risparmio		0,09	0,00
di cui:			
da Attività in funzionamento attribuibile ai Soci della Controllante			
azione ordinaria		0,08	(0,01)
azione di risparmio		0,09	(0,01)

Conto economico complessivo consolidato

Nota 14

(milioni di euro)		Esercizio 2016	Esercizio 2015 Rivisto
Utile (perdita) dell'esercizio	(a)	1.966	661
Altre componenti del conto economico complessivo consolidato			
Altre componenti che non saranno successivamente riclassificate nel conto economico separato consolidato			
Rimisurazione piani per i dipendenti a benefici definiti (IAS 19):			
Utili (perdite) attuariali		(33)	16
Effetto fiscale		7	(7)
	(b)	(26)	9
Altri Utili (perdite) di imprese collegate e Joint Ventures valutate con il metodo del patrimonio netto:			
Utili (perdite)		-	-
Effetto fiscale		-	-
	(c)	-	-
Totale altre componenti che non saranno successivamente riclassificate nel conto economico separato consolidato	(d=b+c)	(26)	9
Altre componenti che saranno successivamente riclassificate nel conto economico separato consolidato			
Attività finanziarie disponibili per la vendita:			
Utili (perdite) da adeguamento al fair value		46	(4)
Perdite (utili) trasferiti al conto economico separato consolidato		(37)	(57)
Effetto fiscale		(2)	18
	(e)	7	(43)
Strumenti derivati di copertura:			
Utili (perdite) da adeguamento al fair value		(312)	1.536
Perdite (utili) trasferiti al conto economico separato consolidato		(80)	(983)
Effetto fiscale		90	(165)
	(f)	(302)	388
Differenze cambio di conversione di attività estere:			
Utili (perdite) di conversione di attività estere		852	(2.129)
Perdite (utili) di conversione di attività estere trasferiti al conto economico separato consolidato		304	(1)
Effetto fiscale		-	-
	(g)	1.156	(2.130)
Altri Utili (perdite) di imprese collegate e Joint Ventures valutate con il metodo del patrimonio netto:			
Utili (perdite)		-	-
Perdite (utili) trasferiti al conto economico separato consolidato		-	-
Effetto fiscale		-	-
	(h)	-	-
Totale altre componenti che saranno successivamente riclassificate nel conto economico separato consolidato	(i=e+f+g+h)	861	(1.785)
Totale altre componenti del conto economico complessivo consolidato	(k=d+i)	835	(1.776)
Utile (perdita) complessivo dell'esercizio	(a+k)	2.801	(1.115)
Attribuibile a:			
Soci della Controllante		2.534	(807)
Partecipazioni di minoranza		267	(308)

IV. Conto economico

euro/000	Note	Esercizio 16	Esercizio 15
Ricavi			
Ricavi delle vendite (1)	22	637.231	721.831
Altri ricavi e proventi (2)	22	32.657	6.766
Totale ricavi		**669.888**	**728.597**
Costi operativi			
Variazione rimanenze PF e SL (3)		(29.875)	22.455
Costi per materie prime e di consumo (3)		(219.440)	(273.464)
Costi per servizi		(170.429)	(188.464)
Costi per utilizzo beni di terzi	17.3	(23.889)	(22.174)
Costo per il personale	23	(83.011)	(84.054)
Altri oneri operativi		(22.965)	(25.595)
Totale costi operativi		**(549.609)**	**(571.295)**
EBITDA		**120.279**	**157.302**
Ammortamenti e svalutazioni			
Ammortamenti attività immateriali	5	(7.119)	(6.874)
Ammortamenti attività materiali	6-7	(11.601)	(11.526)
Rivalutazioni (Svalutazioni)			(729)
Totale ammortamenti e svalutazioni		**(18.720)**	**(19.130)**
Accantonamenti	13-17	(1.604)	(2.519)
EBIT		**99.955**	**135.653**
Proventi e oneri finanziari			
Proventi finanziari	24	13.372	21.611
Oneri finanziari	24	(22.008)	(28.611)
Proventi (oneri) finanziari		**(8.636)**	**(7.001)**
Proventi (oneri) da partecipazioni		(1.843)	(4.723)
Risultato prima delle imposte		**89.477**	**123.930**
Imposte sul reddito (4)	10-26	(25.296)	(38.267)
Risultato netto		**64.180**	**85.663**
Utile base		1,95	2,80
Utile diluito		1,95	2,80

Nota:

(1) La voce Ricavi delle vendite include operazioni con entità del Gruppo pari a 280,9 e 351,2 milioni di euro, rispettivamente negli esercizi 2016 e 2015. Tale voce include, inoltre, operazioni non ricorrenti, a riduzione dei ricavi, per 26,3 milioni di euro, relative alla rilevazione straordinaria di un fondo resi per i prodotti a marchio ROGER VIVIER, a seguito della ridefinizione delle strategie distributive principalmente per effetto dell'acquisto del marchio ROGER VIVIER.

(2) Di cui non ricorrenti per 25 milioni di euro (Note 22 e 29).

(3) Di cui non ricorrenti per complessivi -9,3 milioni di euro (Nota 29).

(4) Di cui non ricorrenti per 2,1 milioni di euro (Nota 29).

Conto economico complessivo

euro/000	Note	Eserc. 16	Eserc. 15
Utile/(perdita) del periodo (A)		**64.180**	**85.663**
Altri utili/(perdite) complessivi che saranno successivamente riclassificati nell'utile/(perdita) d'esercizio:			
Parte efficace degli utili/(perdite) sugli strumenti di copertura *(cash flow hedge)*	16.3	2.770	3.655
Totale altri utili/(perdite) complessivi che saranno successivamente riclassificati nell'utile/(perdita) d'esercizio (B)		**2.770**	**3.655**
Altri utili/(perdite) complessivi che non saranno successivamente riclassificati nell'utile/(perdita) d'esercizio:			
Utili/(Perdite) attuariali cumulati sui piani a benefici definiti	18	(238)	511
Totale altri utili/(perdite) complessivi che non saranno successivamente riclassificati nell'utile/(perdita) d'esercizio (C)		**(238)**	**511**
Totale utili/(perdite) complessivo (A)+(B)+(C)		**66.712**	**89.828**

Situazione patrimoniale-finanziaria

euro/000	Note	31.12.16	31.12.15
Attività non correnti			
Attività immateriali			
Attività a vita utile indefinita	5	150.919	150.919
Altre attività	5	23.392	25.355
Totale attività immateriali		**174.311**	**176.274**
Attività materiali			
Immobili e terreni	6	56.866	56.732
Impianti e macchinari	6	11.639	12.241
Attrezzature	6	9.626	11.352
Opere su beni di terzi	6	3.882	4.623
Altre	6	5.104	6.019
Totale attività materiali		**87.117**	**90.967**
Altre attività			
Investimenti immobiliari	8	25	29
Partecipazioni	9	583.145	179.490
Attività fiscali differite	10		
Altre	11	2.654	2.640
Totale altre attività		**585.824**	**182.159**
Totale attività non correnti		**847.253**	**449.400**
Attività correnti			
Rimanenze	12	150.882	185.954
Crediti commerciali (1)	13	188.569	213.499
Crediti tributari	13	10.986	9.136
Attività per derivati	14	2.034	1.427
Altre	13	68.269	25.233
Disponibilità liquide	15	87.989	85.696
Totale attività correnti		**508.729**	**520.945**
Totale attività		**1.355.981**	**970.344**

continua

Nota:

(1) La voce Crediti commerciali include crediti con entità del Gruppo pari a 99,3 e 126,6 milioni di euro, rispettivamente al 31 dicembre 2016 ed al 31 dicembre 2015.

continua

euro/000	Note	31.12.16	31.12.15
Patrimonio netto			
Capitale sociale	16	66.187	61.219
Riserve di capitale	16	416.507	213.975
Azioni proprie	16		
Riserve di copertura	16	(1.586)	(4.356)
Riserve di utili	16	333.681	315.364
Risultato di periodo	16	64.180	85.663
Totale Patrimonio netto		**878.970**	**671.866**
Passività non correnti			
Accantonamenti per rischi	17	5.005	5.424
Passività fiscali differite	10	8.443	16.824
Fondi relativi al personale	18	8.845	7.676
Passività per derivati	14	2.687	8.598
Passività finanziarie non correnti	19	183.612	43.530
Altre	20	13.269	14.990
Totale passività non correnti		**221.861**	**97.042**
Passività correnti			
Debiti commerciali (2)	21	131.478	134.931
Debiti tributari	21	3.201	10.468
Passività per derivati	14	7.239	2.645
Altre	21	66.944	46.877
Passività finanziarie correnti	19	46.289	6.515
Totale passività correnti		**255.151**	**201.436**
Totale Patrimonio netto e passività		**1.355.981**	**970.344**

Nota:

(2) La voce Debiti commerciali include debiti con entità del Gruppo pari a 20,5 e 10,7 milioni di euro, rispettivamente al 31 dicembre 2016 ed al 31 dicembre 2015.

21. CASO ALFA [1]

La società ALFA S.p.a. è una multiutility quotata alla borsa di Milano. Nel bilancio, tra le immobilizzazioni materiali, la società ALFA S.p.a. vanta una voce particolarmente rilevante, dettata dalla presenza di numerosi cespiti iscritti nella categoria "automobili". Ogni anno la Società è costretta a rottamare 50 automobili per motivi di obsolescenza e usura. Vista l'attività aziendale e le politiche di assunzione del personale, il CEO della ALFA S.p.a. intende mantenere costante il numero di automobili della società, cioè 500; quindi, al momento della rottamazione delle 50 automobili, la Società ALFA acquista 50 nuove automobili, così da poter disporre sempre di 500 automobili. A sua volta, il responsabile che valuta gli investimenti, il CFO, ogni anno valuta quali automobili comprare.

Quando al CFO vengono proposte opportunità di investimento ne valuta la fattibilità economica, finanziaria e ne misura l'impatto patrimoniale, oltre a stimare i vantaggi e gli svantaggi dell'investimento stesso; inoltre, il CFO è la figura incaricata di redigere il bilancio sociale; quindi è anche sensibilizzato a garantire che la società goda di una discreta reputazione in termini sociali. L'orientamento del CFO non è, pertanto, solo la massimizzazione del profitto.

Il CEO, a sua volta, ha sempre privilegiato le politiche ambientali, volte a perseguire obiettivi di riduzione delle emissioni e a salvaguardare l'ambiente; pertanto, nell'anno in corso, la richiesta al CFO era orientata alla verifica che le 50 automobili da acquistare potessero essere tutte macchine elettriche.

Il CEO e il CFO, in accordo, hanno statuito i seguenti elementi, utili alle valutazioni economiche, finanziarie e sociali dell'investimento annuale di acquisto nuove vetture; precisamente:

- L'auto elettrica richiede un iniziale maggior esborso monetario, ma, considerando che:

---

[1] Di Federico Chmet.

  - non necessita l'acquisto di benzina, considerando che ogni macchina percorre mediamente 10.000 km all'anno e viene utilizzata per 10 anni;
  - lo Stato concede, tuttora, sovvenzioni per l'acquisto di auto elettriche;
- in che modo il CFO potrà gestire l'opinione comune, secondo cui la macchina potrebbe "scaricarsi" lasciando così non operative le maestranze della ALFA S.p.a.?

Quindi il CFO, operativamente, si attiverà nella ricerca dei prezzi di riferimento per una vettura elettrica "utilitaria" da confrontarsi con i prezzi di una macchina di pari fattezza, alimentata a benzina. Analizzerà tutti i costi diretti e indiretti, per entrambe, avendo premura di tenere in considerazione le specifiche agevolazioni statali per l'anno corrente.

L'obiettivo, infatti, è ponderare la scelta sulla base dell'economicità per la durata decennale di vita utile del bene. Inoltre, il rapporto del CFO, sulla base delle considerazioni descritte e con riferimento alla scelta economicamente motivata, verrà ampiamente rappresentato nel bilancio sociale.

Sulla base delle informazioni il CFO chiede al giovane collaboratore di supportarlo nel generare il rapporto di analisi dell'investimento facendo attenzione alla definizione:

- delle ipotesi e assunzioni necessarie per la valutazione dell'investimento;
- della scelta di investimento, cioè se acquisire 50 automobili elettriche oppure a benzina/gasolio, motivando economicamente, finanziariamente e socialmente la scelta;
- della rappresentazione sul bilancio sociale della scelta adottata.

22. CONTABILITÀ E BILANCIO: PROBLEMI O OPPORTUNITÀ?[1]

Giulia, Gabriele e Martina sono tre ricercatori universitari di scienze dell'alimentazione a Torino che hanno scoperto le proprietà conservative per realizzare un'ottima pizza al tegamino che è ancora più buona se riscaldata. Questa scoperta permette alle pizzerie al taglio di accentrare il centro di produzione in un'unica sede e di distribuire la pizza, solo riscaldata, nei diversi negozi periferici, che non necessitano, quindi, di particolari dotazioni di macchinari e attrezzature, se non di un forno micronde per riscaldare la pizza e un arredamento accogliente per i clienti. Anche il personale richiesto per la distribuzione è ridotto.

Forti di questa idea, coinvolgono le due amiche Cecilia e Carlotta, laureate in Economia, che con non pochi sacrifici hanno lavorato in una pizzeria per pagarsi gli studi. Le due ragazze si dimostrano subito entusiaste di supportare l'iniziativa imprenditoriale con le competenze acquisite nel corso degli studi e dell'attività lavorativa svolta.

Dopo aver sentito vari pareri, dai genitori ad amici imprenditori, a professionisti, commercialista e consulente del lavoro, ed essersi confrontati con la community virtuale, tramite il canale social, sul tema, hanno costruito, con non pochi sforzi, la propria idea di business. Successivamente hanno redatto il business plan per i primi 5 anni di attività, che ha convinto Francesco, un imprenditore ex datore di lavoro di Cecilia e Carlotta, ai tempi del loro lavoro in pizzeria, che ha deciso di investire nel business.

Il 27 luglio n sono tutti e sei intorno al tavolo del Notaio Leo per costituire la nuova società: PNT Srl.

Il Capitale sociale conferito e versato da parte dei sei soci è pari a 90.000,00 Euro (di cui il 50% conferito da Francesco e il restante 50% in parti uguali da Carlotta, Cecilia, Giulia, Gabriele e Martina, tutto interamente versato contestualmente. La parcella del notaio è di 2.000,00 Euro (più IVA 20%) e viene pagata contestualmente. La segretaria del notaio nel congedare i

[1] Di Silvana Secinaro.

neo soci della PNT Srl consegna loro l'F24 per il versamento della ritenuta d'acconto, pari al 20% dell'onorario, che viene regolarmente versata all'Erario il 16 agosto.

Non c'è tempo di vacanze per i sei soci: il primo agosto stipulano due contratti di affitto. Il primo per ubicare il centro di produzione delle pizze con annesso centro di distribuzione per un importo annuale pari a 12.000,00 Euro (più IVA 20%), da corrispondersi semestralmente in via anticipata; il secondo per ubicare una sede di distribuzione di pizze, già pronte, per un importo annuale pari a 6.000,00 Euro (più IVA) da corrispondersi mensilmente.

L'attività deve partire il primo ottobre, occorrono i macchinari e le attrezzature per il centro di produzione. Si opta per un contratto di leasing per 60 mesi, per un valore dei macchinari pari a 100.000,00 Euro, il canone mensile è pari a 2.000,00 Euro (più IVA 20%), a partire dal 1° settembre, con rimessa diretta, senza prevedere maxicanoni iniziali. Il prezzo di riscatto è pari a 5.000,00 Euro (più IVA 20%).

L'arredamento viene acquistato dall'azienda, versando un anticipo all'ordine il 10 settembre, pari a 5.000,00 Euro (più IVA 20%). Il 25 settembre l'arredamento viene consegnato con il contestuale ricevimento della fattura dei beni, il cui costo complessivo è pari a 25.000,00 Euro (l'IVA è il 20%). Il pagamento è a 120 giorni data fattura.

Il 15 settembre la PNT Srl stipula un contratto di assicurazione globale per gli infortuni nel locale con copertura annuale: il pagamento annuale è anticipato pari a 6.000,00 Euro.

Il 1° ottobre la PNT Srl assume 2 pizzaioli e 3 addetti alle vendite. Le loro buste paghe mensili complessive (comprensive dalla parte di 13° mensilità) sono le seguenti:

Stipendi	24.000,00
Irpef	5.000,00
Inps	7.000,00
Retribuzione netta	12.000,00

Gli oneri sociali a carico dell'azienda sono mensilmente pari a 8.000,00 Euro. Gli stipendi vengono pagati regolarmente l'ultimo giorno del mese e gli oneri fiscali previdenziali vengono corrisposti all'Erario ogni 16 del mese successivo.

Il 3 ottobre ricevono la fattura del fornitore Carre per la fornitura di materie prime (farina, pomodoro, mozzarella, ecc.) di 10.000,00 Euro (più IVA 20%). Il pagamento è a 90 giorni.

I corrispettivi conseguiti per il periodo ottobre, novembre e dicembre sono i seguenti:

31 ottobre: 15.000,00 (più IVA 20%);
30 novembre: 18.000,00 (più IVA 20%);
31 dicembre: 25.000,00 (più IVA 20%).

Il 3 dicembre la società emette una fattura per 50 abbonamenti regalo al servizio pizza "all you can eat" alla società XY Srl per i mesi di dicembre e gennaio per un importo singolo pari a 70,00 Euro (più IVA 20%). Nel mese di dicembre ne sono stati usufruiti la metà. Il pagamento è al 31 gennaio dell'anno successivo.

Il 16 dicembre la PNT Srl riceve altro rifornimento di materie prime per un importo pari a 7.000 Euro (più IVA 20%).

I primi di gennaio è ora di tirare le prime somme: la società è operativa da tre mesi e l'anno solare si è concluso, occorre predisporre il bilancio d'esercizio. Cecilia e Carlotta preparano i documenti da consegnare al commercialista per la redazione del bilancio. Nei dati aggiungono anche le seguenti informazioni:

- il 31 gennaio n + 1 sono state ricevute le fatture per le utenza (energia, telefono e gas) del periodo agosto n – gennaio n + 1: 1.800,00 Euro (più IVA 20%);
- le materie prime ancora in magazzino hanno un valore pari a 2.500,00 Euro;
- l'ammortamento dell'arredamento, relativo ai soli 3 mesi di attività effettiva, è pari al 20% del valore complessivo;
- l'ammortamento delle spese di costituzione della società è pari al 20% del valore complessivo.

Il versamento dell'IVA è trimestrale per i mesi ottobre-dicembre e sarà effettuato entro il 16 marzo, nel precedente trimestre (luglio-settembre) l'azienda risultava a credito, avendo effettuato solo acquisti;

Il conto corrente bancario segue la formula "zero spese, zero interessi".

23. COOPSOC [1]

Sommario: 1. La cooperativa sociale. – 2. Il piano strategico. – 3. Risorse finanziarie.

1. La cooperativa sociale

La Cooperativa Sociale COOPSOC opera nel settore smaltimento rifiuti. Le attività tipiche sono:

- Raccolta carta;
- Raccolta rifiuti ingombranti;
- Raccolta rifiuti RAEE.

La strategia dell'azienda è di creare sempre nuovi posti di lavoro. In quanto cooperativa sociale la legge impone che tra i dipendenti sia presente almeno il 30% di lavoratori svantaggiati.

La Cooperativa nasce circa 30 anni fa dall'amicizia che legava il dott. Rossi, dott. Verdi e il dott. Bianchi. Tutti e tre erano spinti dalla volontà di dare una mano alle persone e farlo in maniera concreta. In merito al reinserimento sociale sono al corrente che può essere un fattore molto delicato in quanto il passato di un individuo può influenzarne il futuro. Passati difficili sono spesso elemento di rifiuto da parte dei datori di lavoro ma non per COOPSOC. I primi tre soci sapevano bene che però nonostante la mission sia sociale dovevano gestire l'azienda al meglio e adottare i migliori business model per poter continuamente crescere, creare lavoro e restare attivi nel mercato.

I soci dell'intera cooperativa sono ormai 25 e il dott. Rossi, il dott. Verdi e il dott. Bianchi nell'organigramma fanno parte dello staff direttivo con i seguenti ruoli:

- dott. Rossi, Presidente;

---

[1] Di Daniel Iannaci.

- dott. Verdi, Direttore;
- dott. Bianchi, Direttore.

Il fatturato in migliaia di Euro e la distribuzione dipendenti è la seguente:

COOPSOC anno n	Raccolta carta	Raccolta rifiuti ingombranti	Raccolta rifiuti RAEE	Totale
Fatturato Italia	250.000	100.000	150.000	500.000
Dipendenti impiegati (A)	10	5	7	22
di cui svantaggiati (B)	3	2	2	7
B/A	30%	40%	29%	**32%**

L'appalto vinto per la raccolta dei rifiuti ingombranti è in scadenza e pertanto per l'anno n + 1 COOPSOC avrà una riduzione di fatturato e soprattutto di dipendenti. La diminuzione comporterà una riduzione della percentuale dei lavoratori svantaggiati sotto la soglia di legge.

2. Il piano strategico

Il presidente vuole attrezzarsi per l'esercizio successivo in modo da avere una struttura aziendale ancora solida e inserire nuovi dipendenti svantaggiati. Lo staff è consapevole che la mansione attribuita al lavoratore svantaggiato deve avere delle caratteristiche che si possono adattare. Data la difficoltà della ricerca del ruolo le due attività rimaste non possono recepire figure in più e pertanto sarà necessario inserire un ulteriore ramo aziendale.

Lo staff è d'accordo su diversificare il mercato e soprattutto impegnarsi con l'acquisizione di una nuova società per poter avere una copertura di mercato diversa.

Per questo motivo si sono dotati di una società di consulenza per individuare la nuova azienda da acquisire.

Il report delle aziende è riportato nella tavola seguente (dati in migliaia di Euro):

Nome società	Tipo di produzione	Fatturato	Necessità di investimento	Prezzo di acquisizione	Nuovi dipendenti	Possibilità di inserimento dipendenti svantaggiati (numero)
Mangia Mangia	Food and Bevarage	100.000	Rinnovo impianti (stima 2 milioni)	10.000	5	1
Guido io	Trasporti	85.000	Adegua-mento vecchi mezzi (stima 600.000)	20.000	3	2
Stuzzifriz	Snack	120.000	Rinnovo impianti (stima 1 milioni)	10.000	5	3

La swot analysis operata dai consulenti individua le seguenti informazioni:

	Fattori esterni		**Fattori interni**	
	Opportunità	**Minacce**	**Punti forza**	**Punti di debolezza**
Mangia Mangia	Aumento del fatturato come il vecchio servizio	Nessuna competenza nel settore	Marchio conosciuto e con il giusto gruppo può diventare leader di mercato	Non raggiunge 30% dipendenti svantaggiati e alto prezzo per rinnovamento impianti
Guido io	Crescita nel settore e potenziali spazi per nuovi inserimenti	I clienti potrebbero essere ostili ad avere alla guida un lavoratore con passato difficile	Alta conoscenza della rete del territorio e costo basso per adeguamento mezzi	Nuovo fatturato rispetto ad attività precedente
Stuzzifriz	Alto fatturato e marchio conosciuto	Azienda in declino, una volta era leader del mercato adesso avrebbe bisogno di nuove idee	Potrebbe gestire tutta la rete mensa interna all'azienda e raggiungimento 30% lavoratori svantaggiati	Alto prezzo per rinnovamento impianti

3. Risorse finanziarie

COOPSOC davanti a questa ipotetica acquisizione si trova obbligata a mettere in riga tutte le risorse che hanno a disposizione e soprattutto quelle potenziali dalle banche.

Lo staff ha a disposizione 15.000 per acquisizioni ed inoltre deve affrontare l'investimento per le attrezzature in ogni caso di acquisizione e pertanto sono in valutazione le seguenti opzioni:

	Ammontare (migliaia di Euro)	**Condizioni**		**Facilità di ottenimento**
Finanziamento M/L	+ 500	10 anni	Tasso 5% variabile	Sono richieste garanzie
Vendita mezzo di raccolta rifiuti RAEE	+ 80	Necessario licenziamento un lavoratore svantaggiato che guida quel mezzo		Trovato acquirente
Cedere 49% quota COOPSOC	+ 500	Valore che paga il potenziale che COOPSOC ha nell'attuale mercato e in potenziali futuri		Bisogna trovare acquirente

I tempi stringono ed occorre prendere una decisione al più presto.

Lo staff è consapevole che una volta messe sul piatto queste opzioni, tutti i soci dovranno decidere insieme, ma non tutti sanno riconoscere i veri punti forza e di debolezza. C'è chi gestirà a sentimento la paura di perdere parte della società, perché la gestione della loro mission fa parte dell'elemento distintivo di ogni componente dell'azienda. La paura della contrazione di nuovi debiti ed ovviamente il pensiero che un collega possa restare senza lavoro rappresentano temi sensibili. I ragionamenti da condividere sono molti anche nell'ipotesi di acquisizione in quanto le nuove avventure portano stimoli e rischi ed è necessario valutare quale strada sia da percorrere e soprattutto quale combinazione tra espansione e ricerca fonti adottare.

24. CASO DI MANAGEMENT "BLOCKCHAIN" [1]

1. Il caso "Vinum"

L'azienda vitivinicola "Vinum" opera dal 1949 in un contesto rurale tra il Roero e il Monferrato.

La proprietà si estende per oltre 80 ettari e comprende oltre a 45 ettari coltivati a vigneto, lo stabilimento di produzione, la casa di famiglia e una tenuta ormai in disuso.

L'avvio dell'attività viene fatta risalire al bisnonno Francesco, grande innovatore che già al tempo aveva dato vita ad un processo di lavorazione dei prodotti basandosi sulla massima trasparenza, qualità e tracciabilità dei prodotti.

In particolare, i principali output dell'attività sono riportati in Tabella 1:

Tabella 1 – *Le etichette dell'azienda "Vinum"*

	Etichetta	Certificazione
Vini rossi	Dolcetto	DOGC
	Barbera	DOC
	Grignolino	–
Vini bianchi	Arneis	–
	Timorasso	DOC

Grazie alla capacità di vendita e alla clientela ormai consolidata, l'azienda riesce ad esportare i suoi prodotti in tutta Italia.

---

[1] Di Davide Calandra.

Il management aziendale coincide con la famiglia stessa, oggi le quote di proprietà sono così divise:

- 51% il nonno "Paolo";
- 24,5% il papà "Giuseppe";
- 12,5 % la sorella più grande "Beatrice";
- 12% il fratello più piccolo "Andrea".

Il fatturato (*in migliaia di euro*) per business line (prodotto) è riportato in Tabella 2:

Tabella 2 – *Fatturato per prodotto*

	Etichetta	2019	2020	2021
Vini rossi	Dolcetto	10.000	11.500	12.000
	Barbera	4.500	7.000	8.000
	Grignolino	3.000	2.500	2.500
Vini bianchi	Arneis	11.500	10.000	13.000
	Timorasso	8.000	14.000	16.500
Totale		**37.000**	**45.000**	**52.000**

2. Il piano strategico

I buoni risultati ottenuti nell'ultimo anno, gli ordinativi in crescita per i successivi anni hanno indotto Andrea, il socio più giovane dell'azienda, a rivolgersi ad una società che gli ha proposto di incrementare il livello di tracciabilità dei prodotti attraverso l'utilizzo della tecnologia Blockchain.

Tuttavia, anche altri soci hanno idee in merito al futuro dell'azienda e a loro volta hanno pensato ad un piano strategico di sviluppo a breve termine delle etichette da loro prodotte.

Le principali idee sono riportate nella tabella seguente:

Tabella 3 – *Idee per il piano strategico a breve termine*

Idea per il piano strategico	Prodotto correlato	Supporter	Stima di incremento del fatturato	Costo previsto
Implementazione della tecnologia blockchain per la tracciabilità dei prodotti	Tutti	Andrea	+ 18%	20.000
Avvio certificazione DOC [2]	Grignolino e Arneis	Paolo e Beatrice	+ 10%	15.000
Certificazione ISO 9001 [3]	Tutti	Giuseppe	+ 10%	7.000

Tuttavia, Beatrice, laureanda in economia aziendale, ha preparato un'analisi SWOT (Tabella 4) che ha l'obiettivo di identificare le opportunità, le minacce, i punti di forza e i punti di debolezza del piano strategico.

Tabella 4 – *Analisi SWOT del piano strategico a breve termine*

	Fattori esterni	Fattori esterni	Fattori interni	Fattori interni
	Opportunità	**Minacce**	**Punti di forza**	**Punti di debolezza**
Blockchain	Possibilità di crescita dei prodotti venduti attraverso una maggiore comunicazione in termini di qualità percepita.	Difficoltà di comunicazione ai clienti abituali. Possibile fallimento nell'incremento del fatturato.	Riconoscimento del marchio Vinum quale elemento di qualità.	Costi alti, difficile sapere se il risultato finale sarà effettivamente un incremento di vendita dei prodotti. Interessamento esclusivo per clienti più giovani e sensibili.

---

[2] DOC = Denominazione di Origine Controllata. È un marchio che viene applicato ai prodotti vitivinicoli europei e certifica aspetti fondamentali quali ad esempio: la zona di produzione, il tipo di vitigno, le pratiche culturali o i metodi di vinificazione.

[3] ISO 9001 è uno standard internazionale che verifica in maniera ampia gli aspetti della Qualità dei prodotti. Alcuni principi importanti sono: la focalizzazione sul cliente, la leadership, il coinvolgimento del personale, l'approccio per processi, l'approccio sistemico alla gestione della qualità aziendale, il miglioramento continuo e i rapporti di reciproco beneficio con i fornitori.

	Fattori esterni	Fattori esterni	Fattori interni	Fattori interni
	Opportunità	**Minacce**	**Punti di forza**	**Punti di debolezza**
Certificazione DOC	Possibilità di incremento del fatturato per Grignolino e Arneis.	Entrata in competizione con altre etichette DOC.	Riconoscimento di ulteriori due etichette DOC all'interno del portfolio prodotti dell'azienda. E ingresso nella grande distribuzione organizzata.	Possibile crescita orizzontale del fatturato su prodotti già venduti.
Certificazione ISO 9001	Comunicazione e promozione di prodotti di qualità verso l'esterno.	–	Riconoscimento della qualità dei prodotti aziendali. E ingresso in enoteche specializzate.	–

3. Analisi di fattibilità finanziaria

La sorella maggiore inoltre ha iniziato una prima analisi finanziaria, in cassa sono presenti all'incirca 21.500 euro disponibili che possono servire per dar vita al piano strategico a breve termine.

La situazione è particolarmente favorevole in quanto i debiti a breve termine presentano un importo esiguo, in più i debiti a medio/lungo termine non destano preoccupazione.

Quali possibilità per il futuro?

Riuscirà Andrea a convincere tutta la famiglia e a dimostrare l'innovatività della Blockchain per la certificazione?

4. Le possibili alternative

L'intera famiglia durante il prossimo consiglio d'impresa valuterà le proposte riportate e sintetizzate nella successiva Tabella 5.

Tabella 5 – *Le possibili alternative di investimento*

Investimenti	**Timing soluzione**	**Finanziamenti**
Blockchain	Breve termine	Autofinanziamento con possibile tensione di cassa
DOC	Breve termine	Autofinanziamento
ISO 9001	Breve termine	Autofinanziamento

L'opportunità di investimento e di implementazione della Blockchain rappresenta un bel passo in avanti per l'azienda di famiglia, tuttavia non tutti i soci dell'azienda sono favorevoli. Paolo e Beatrice ritengono più sicura la certificazione ISO considerando la possibilità di entrare nel circuito di enoteche più importante di tutto il territorio nazionale. Giuseppe, ritiene invece che la denominazione DOC sia ormai matura per le etichette del Grignolino e dell'Arneis e vorrebbe investire la cassa per raggiungere questo importante obiettivo, considerando la possibilità di approdare nella grande distribuzione organizzata (GDO). Quale sarà la scelta che l'azienda Vinum implementerà?

25. SOCIAL IMPACT BANK [1]

Sommario: 1. IDEA. – 2. Valutazione delle imprese.

La Social Impact Bank è una banca specializzata nella concessione di crediti ad aziende appartenenti al terzo settore ma con l'avvento della sensibilizzazione sul tema dell'impatto sociale da parte delle aziende profit sta cominciando ad allargare il proprio range di clienti. La banca però nonostante il mix dei soggetti, profit e non-profit, non cambia le condizioni di concessione di crediti. Le caratteristiche sono sicuramente di solidità aziendale ma soprattutto la finalità dell'investimento deve essere volto allo sviluppo di attività d'impresa di interesse generale, senza scopo di lucro e per finalità civiche, solidaristiche e di utilità sociale, adottando modalità di gestione responsabili e trasparenti e favorendo il più ampio coinvolgimento dei lavoratori, degli utenti e di altri soggetti interessati.

Il responsabile dell'area crediti è il dott. Gentile, laureato alla Scuola di Management ed Economia nel 2006 con il massimo dei voti. Si è specializzato in finanza aziendale ma ha accumulato esperienze attraverso un master ed esperienza sul campo nel terzo settore. Considerato quanto ha visto e ha vissuto ha molto a cuore il tema sociale e pertanto ha bene in mente gli obiettivi da perseguire grazie all'attività di cui adesso è responsabile. Il tema dell'impatto sociale gli è ovviamente noto e sa distinguere chi crea davvero un cambiamento e chi sta semplicemente facendo una politica astuta di marketing.

La fase aziendale che il dott. Gentile sta vivendo è di espansione e in seguito ad una riunione interna è emerso che ci sono buoni margini di concessione credito ancora da poter effettuare. I collaboratori che si sono interessati sono il dott. Rossi, esperto bancario da 8 anni; il dott. Gialli, esperto del tessuto aziendale che è attivo nel territorio; il dott. Verdi, che ha conseguito un dottorato di ricerca specializzandosi nel tema dell'impatto sociale.

---

[1] Di Daniel Iannaci.

Tra i diversi fascicoli di affidamento analizzati è emerso il caso IDEA dove si intravvedono buoni spazi di ritorno di impatto sociale ed anche economico.

1. IDEA

La banca ha pignorato ad un'azienda che per anni non ha pagato un capannone. Il mutuo acceso sul capannone è di 1.500.000 Euro ma a causa della crisi immobiliare il valore che adesso potrebbe avere sul mercato è di 400.000 Euro.

L'azienda, a causa di una cattiva gestione, ha inoltre influito negativamente sulla zona in quanto ha sacrificato i propri dipendenti non pagandoli per mesi e pertanto creando una reazione a catena su tutte le altre attività esterne. Hanno chiuso bar, palestre, edicole e soprattutto i proprietari dei condomini limitrofi hanno dovuto sfrattare i propri inquilini proprio perché erano dipendenti della vecchia azienda e pertanto non avevano le risorse per pagare l'affitto.

Concedendo il capannone ad un'azienda in grado di gestire un'idea innovativa in maniera strutturata potrà dar linfa nuova alla zona e pertanto questo genererebbe impatto sociale in automatico. Questo è possibile perché si potranno ripopolare le case e potranno sorgere nuove attività a supporto del cittadino e soprattutto aumenterebbe nuovamente il valore del quartiere ed a lungo termine il capannone potrà veder crescere il proprio valore fino a raggiungere il valore originario. Il progetto prevede la concessione di credito a tasso agevolato a realtà aziendali che prendano in affitto il capannone per dar vita a nuove attività con impatto sull'occupazione e sulla rivalutazione del quartiere.

2. Valutazione delle imprese

Il dott. Gentile ha sulla scrivania il profilo di tre aziende e cui è stato chiesto di redigere un business plan e disegno del progetto. Si troverà per discutere insieme al suo staff la migliore opzione, i dati sono presentati nella seguente tabella:

Impresa	Leaf	Food	Ice
Sintesi progetto	Raccolta, riciclo di carta e rivendita	Produzione di cibo confezionato per la rivendita nella grande distribuzione	Produzione di gelato per vari punti vendita sul territorio
Attività impatto sociale	Inserimento di persone svantaggiate	Apertura di uno spazio mensa per fornitura gratuita dei prodotti non venduti	Apertura punto vendita per somministrazione gelati
Impatto generato	Reinserimento sociale	Aiuto per persone con difficoltà economiche	Creazione punto di incontro e "di felicità per bambini"
Sintesi dati di bilancio in €:			
Attività correnti	500.000,00	2.250.000,00	800.000,00
Attività non correnti	2.000.000,00	2.250.000,00	3.500.000,00
Totale Attivo	**2.500.000,00**	**4.500.000,00**	**4.300.000,00**
Patrimonio netto	500.000,00	500.000,00	700.000,00
Passività correnti	750.000,00	2.000.000,00	1.000.000,00
Passività non correnti	1.250.000,00	2.000.000,00	2.600.000,00
Tot. Passivo e PN	**2.500.000,00**	**4.500.000,00**	**4.300.000,00**

Dott. Rossi, esperto bancario e il dott. Gialli, esperto aziendale hanno stilato il seguente prospetto per la conoscenza delle aziende e del settore informandosi attraverso le fonti in loro possesso.

Impresa	Leaf	Food	Ice
Puntualità nei pagamenti	Hanno vissuto uno stato di crisi pertanto hanno tardato i pagamenti per mettere al primo posto i dipendenti	Non hanno mai tardato un pagamento	Hanno vissuto uno stato di crisi pertanto hanno tardato i pagamenti per mettere al primo posto i fornitori
Tipo di società	Cooperativa Sociale	S.r.l.	S.r.l.
Andamento nel settore	Stabile e bassa concorrenza	Crescita e alta concorrenza	Crescita e alta concorrenza

il dott. Verdi, esperto di impatto sociale ha invece fatto le proprie considerazioni in merito a quanto affermato dalle aziende oggetto di valutazione.

Impresa	Leaf	Food	Ice
Attività impatto sociale	L'inserimento di persone svantaggiate ottimo spunto e fa parte del DNA delle cooperative sociali	Servizio mensa gratuito per i bisognosi e ottimo	Rivalutazione territorio e creazione punto di interesse in una zona in declino
Impatto generato	Aumento occupazione e reinserimento sociale	Sensibilizzazione dei cittadini. Chi potrà comprare lo farà per la nobile causa dell'azienda e chi non potrà usufruirà della mensa	Impatto reale del prodotto di "regalo di sorrisi" dubbio

26. AUTOMOTIVELAND[1]

Le aziende operanti nel settore dell'automotive, in particolare con riferimento al settore automobilistico, nel tempo, hanno dovuto far fronte a importanti investimenti, in termini di macchinari necessari alla produzione dei telai delle automobili.

Il complesso dei macchinari necessari per la produzione dei telai automobilistici richiede, alle società di questo specifico settore, un investimento di circa 100.000.000 di euro; per questo motivo il telaio è l'elemento più costoso di tutta l'automobile e per lo stesso motivo diversi modelli di macchine condividono la stessa struttura di telaio.

Una piccola società di ricerca nell'ambito automotive, BETA S.r.l., dopo numerose ricerche e cospicui investimenti, riesce a sviluppare un tipo di telaio per automobili che, per conformazione e particolarità del materiale altamente innovativo, risulta sicuro come i telai "tradizionali". La produzione di questo telaio speciale, quindi, non comporta investimento in macchinari e, attraverso la ricerca, si è reso possibile produrre il telaio di tipo tubolare, mediante l'assemblamento di materiali speciali, senza dover investire 100.000.000 di Euro.

La società BETA S.r.l., imputa come costi di sviluppo del progetto e di registrazione del brevetto (con il quale potrà essere la sola società produttrice di questo particolare telaio automobilistico) un importo di 15.000.000 di Euro. Complessivamente, questa nuova tecnologia di produzione consente di dimezzare il costo del telaio e si riflette sul costo dell'autoveicolo, che si dimezzerebbe.

L'obiettivo dell'imprenditore, grazie al vantaggio competitivo apportato dalla succitata ricerca, si traduce nel produrre un'automobile elettrica da città (categoria M1) il cui costo complessivo finale sia pari a 20.000 Euro.

L'imprenditore, con il supporto di un amico professionista si mettono al lavoro per strutturare il paino commerciale, nello specifico si propongono di:

- Descrivere il piano commerciale, complessivo con le matrici BCG e analisi SWOT, prendendo in considerazione:

[1] Di Federico Chmet.

- le attuali politiche di incentivi per chi acquisisce automobili elettriche;
- l'opinione comune, cioè il timore che alla macchina elettrica possa scaricarsi la batteria (la macchina dispone di 400 km di autonomia, con batteria piena e, per tale kilometraggio, le batterie hanno garanzia di ottima performance per 10 anni);
- come rendere scalabile e replicabile ovunque il progetto di una Compactfactory, facendo sempre capo alla società ideatrice.

– Descrivere un piano di lancio e sponsorizzazione del prodotto e di attrazione dei potenziali partner (società di car sharing, grandi buyer quali utilities, ecc.) con metodi innovativi.

27. (...) STREET TRASPORTI [1]

Sommario: 1. L'azienda e il territorio. – 2. Il piano strategico. – 3. La finanza. – 4. La possibilità europea.

1. L'azienda e il territorio

L'azienda Street Trasporti opera dal 1973 nel settore dei trasporti per passeggeri. Le attività principali riguardano l'esercizio di autoservizi di linea attraverso autonoleggi ed autotrasporti. Dal 1990 grazie al fondatore e attuale Presidente Marco Goffri la società ha intrapreso un nuovo percorso di crescita estendendo i propri servizi anche al settore turistico. Dal 2009, visto il progresso aziendale da azienda tipicamente familiare la Street Trasporti è stata ceduta per il 49% ad un fondo di investimento particolarmente attivo nel settore dei trasporti. A seguito di quell'evento, il dott. Goffri mantenne la presidenza della società, delegando però le attività operative ad un amministratore delegato (AD) Davide Lorenzi. Furono anni di transizione e di difficile gestione per un'azienda in piena crescita, con una tradizione familiare consolidata ma con nuove sfide da intraprendere per rimanere sul mercato.

La strategia di sviluppo fortemente voluta del nuovo AD ha avuto una visione decennale e riguardava:

- l'incremento del parco mezzi;
- e il conseguente aumento delle tratte servite.

Nonostante le prime difficoltà di ambientazione con i proprietari, l'AD Lorenzi ha saputo mantenere forte l'identità dell'azienda nata esclusivamente per soddisfare l'esigenza di viaggio di una piccola area della Val di Susa. Oggi è una società per azioni attiva in 7 regioni d'Italia e 2 regioni francesi.

Il fatturato è esposto nella tabella seguente (in migliaia di Euro):

---

[1] Di Davide Calandra.

	2017	2018	2019
Fatturato Italia	800.345	845.489	998.769
Fatturato Estero	456.789	637.694	735.097

2. Il piano strategico

L'AD dott. Lorenzi al termine del piano decennale riporta al CDA l'incremento del fatturato e il conseguente aumento della quota di mercato e di gradimento della società.

Allo stesso tempo, vuole procedere alla redazione di un nuovo piano straordinario di turnover dei mezzi di trasporto oramai con una vita media di 9,8 anni.

Il CDA approva la sua scelta e si ritiene favorevole ad avviare un ulteriore ordinativo di autobus. Per farlo, è stato incaricato un team di ricerca dell'Università di Torino che dopo un'analisi di mercato ha elaborato per l'azienda 4 possibilità di acquisto.

Il report del team di ricercatori è riportato nella tavola seguente[2] (i dati economici sono in migliaia di Euro).

Gamma	Motorizzazione	Modello	Metri	Potenza massima	Capacità serbatoio (in litri)	Passeggeri	Costo di acquisto
Urbana	Diesel (Euro 6)	Urban Tech	12	220 kW	300 l	36 + 1	305.000
Extra-urbana	Diesel (Euro 6)	Extra City	14	315 kW	560 l	50 + 1	385.000

In più viene presentato anche un'analisi dei possibili autobus elettrici.

[2] Il presente report è stato sviluppato a fini didattici, ogni riferimento elemento è puramente casuale ed è frutto della fantasia dell'autore.

Gamma	Motorizzazione	Modello	Metri	Capacità kWh	Km di autonomia	Passeggeri	Costo di acquisto
Urbana	Elettrico	Urban City	12	210	200	37 + 1	400.000
Extra-urbana	Elettrico	Travel E	14	230	200	65 + 1	475.000

La swot analysis operata dal team di ricerca sulla *motorizzazione elettrica* individua le seguenti informazioni:

	Fattori Esterni		**Fattori Interni**	
	Opportunità	**Minacce**	**Punti di forza**	**Punti di debolezza**
Gamma Urbana	Azzeramento delle emissioni di particolato e CO_2. Creazione di campagne mediatiche e di riposizionamento della società "Attiva verso l'ambiente".	Necessaria infrastruttura di ricarica integrata nel percorso urbano dei veicoli (in parte risolta attraverso la partnership con società fornitrici di energia elettrica nei territori di attività dell'azienda).	Risparmio carburante stimato pari 250.000 Euro rispetto agli autobus EURO 4 attualmente in uso. Possibilità di abbattere i costi di manutenzione dei mezzi da 11 mila Euro annui a 5 mila Euro annui.	Investimento maggiore in termini di risorse impiegate per l'acquisto dei mezzi elettrici.
Gamma Extraurbana	Azzeramento delle emissioni di particolato e CO_2. Creazione di campagne mediatiche e di riposizionamento della società "Attiva verso l'ambiente".	Necessaria infrastruttura di ricarica per lunghe percorrenze. Individuazione dei punti ottimali di ricarica in base alle esigenze di viaggio della clientela.	Risparmio carburante stimato pari 230.000 Euro rispetto agli autobus EURO 4 attualmente in uso. Possibilità di abbattere i costi di manutenzione dei mezzi da 12 mila Euro annui a 5 mila Euro annui.	Maggiore intensità di capitale richiesto per l'acquisizione dei mezzi elettrici.

3. La finanza

Durante la presentazione dei risultati l'AD Lorenzi ha rassicurato il CDA circa la possibilità di intraprendere questa tipologia di investimenti, il cambio di alimentazione, seppur con un costo maggiore potrà garantire risparmi via via crescenti nel tempo. Tuttavia, metà dei presenti sono tutt'ora titubanti per via dell'estrema innovatività di questa motorizzazione rispetto al più consolidato motore diesel.

Dal punto di vista finanziario l'azienda possiede disponibilità liquide limitate all'acquisto di soltanto 5 mezzi elettrici, tuttavia potrebbe accedere a diverse formule finanziarie così come riportate nella successiva tabella.

	Ammontare (in migliaia di Euro)	**Durata**	**Tasso**	**Facilità di ottenimento**
Emissione prestito obbligazionario	700.000	15 anni	1,75%	La società ha una buona situazione economico-finanziaria, tuttavia l'iter necessità di maggiori spese di consulenza per l'emissione del prestito.
Finanziamento M/L in due tranche	300.000	10 anni	5,4% variabile con opzione di mantenere fisso il tasso anche in caso di risalita dei tassi (CAP)	Sono richieste garanzie

I tempi stringono e il CEO vuole prendere una decisione in meno di due settimane.

4. La possibilità europea

L'AD Lorenzi dopo una settimana, presenta la possibilità di partecipazione al bando europeo "Europe 2030" per mettersi in competizione con altre società di trasporto al fine di avere finanziamenti europei per il turnover dei più inquinanti mezzi di trasporto.

L'obiettivo del bando è di ridurre drasticamente le emissioni di CO_2 prediligendo e finanziando mezzi di trasporto ad impatto zero al 50% rispetto al costo di acquisto dei veicoli.

In un breve scambio di battute con il Presidente della società, l'AD si è detto favorevole a riunire il CDA per ridiscutere i termini alla luce della nuova possibilità europea. Secondo contatti informali avuti, tuttavia, non tutto il consiglio sarebbe favorevole a questa possibilità.

Quali saranno le scelte strategiche che il CDA intraprenderà? L'azienda avrà un corso più conservativo oppure più innovativo e rivolto alla nuova motorizzazione elettrica?

28. COMUNE DI NORITO [1]

Sommario: 1. La prima Capitale del Regno. – 2. I numeri e i progetti. – 3. Far quadrare i conti condividendo le scelte in maniera comprensibile.

1. La prima Capitale del Regno

Norito è la prima capitale del regno, oramai è capoluogo di regione ma conserva ancora le antiche caratteristiche toponomastiche. La città è circondata da montagne e delimitata da tre grandi fiumi, uno principale attraversa la città. La città fondata dai romani nel III secolo a.c., è stata anche sede degli ultimi giochi olimpici invernali e capoluogo della cultura grazie ai suoi palazzi storici e alle numerose Fondazioni culturali presenti.

Secondo la legenda, Norito è stata in origine sede di un accampamento militare romano contro l'invasione dei galli, nel tempo la dominazione italica è stata alternata da quella francese fino a raggiungere tra il 1800 e il 1900 il suo massimo splendore.

A partire dal secondo dopoguerra, in particolare nel decennio, la popolazione della città conobbe un'improvvisa e repentina espansione (360.000 abitanti in più a dieci anni prima), dovuta alla migrazione interna dal Mezzogiorno, dal Veneto e, seppur in misura minore, dalle vallate e dalle campagne di tutta la regione, da dove la gente si spostava in cerca di lavoro nelle numerose case editrici e fabbriche di cioccolato. Questa improvvisa e smisurata crescita portò a notevoli problemi di natura sociale ed urbanistica, che solo durante l'ultimo ventennio hanno iniziato a trovare una seppur lenta e graduale risoluzione con l'attuale reticolato in stile romano che ancora costituisce la struttura della città.

Nel 1974 la popolazione di Norito toccò il suo massimo con 1.303.890 abitanti. Da quando la popolazione della città ebbe raggiunto il suo apice, è diminuita secondo una tendenza simile a quella di tutte le principali metropoli del regno. Ciò non è dipeso soltanto dal ritorno di molti immigrati del

[1] Di Valerio Brescia.

Mezzogiorno nelle loro regioni di origine, ma dagli spostamenti avvenuti da Norito verso quella che poi divenne l'area metropolitana, determinando così l'espansione dei comuni dell'area provinciale e della prima fascia.

Attualmente la popolazione si aggira intorno alle 800.000 unità.

Un cittadino su due utilizza l'auto. Solo un terzo della popolazione complessiva utilizza i mezzi pubblici per la maggior parte degli spostamenti.

A causa del frequente utilizzo dell'auto personale il livello di PM10 (Materia Particolata anche detta polvere sottile) supera spesso i parametri massimi, portando a un possibile impatto sulla salute. Il particolato riduce l'aspettativa di vita di 0,77 anni ogni 10 $\mu g/m^3$, inoltre livelli elevati aumentano l'asma tutto l'anno e le bronchiti in inverno. Nei casi più gravi con un'elevata esposizione può essere un fattore nell'insorgenza di tumori.

2. I numeri e i progetti

I rendiconti degli ultimi due esercizi e il bilancio preventivo 2019 del comune di Norito sono i seguenti:

Entrate	**Rendiconto 2017**	**Rendiconto 2018**	**Preventivo 2019**
Tributarie	826	826	...
Trasferimenti	137	135	160
Extratributarie	314	327	325
Dismissioni	116	102	...
Da riduzione attività finanziarie	54	54	10
Totale	1.447	1.444	...
Spese			
Personale	23	23	22
Imposte e tasse	471	482	471
Beni e servizi	677	650	633
Di cui in conto capitale			----
Trasferimenti correnti	56	73	80
Interessi passivi	114	113	120
Rimborsi	10	13	18
Altre spese correnti	96	90	112
Totale	1.447	1.444	...
Avanzo di gestione	–	–	
Totale a pareggio	1.447	1.444	...

Norito a causa della chiusura di numerose fabbriche e fondazioni intende ridefinire l'assetto commerciale della città dando una visione turistica della stessa con attività volte al migliorando della qualità della vita degli abitanti con attività di riqualificazione del centro storico e controllo dell'aria. Si intende infatti creare una zona a traffico limitato con il progressivo aumento dei mezzi pubblici ecologici con un investimento complessivo di 20 milioni di euro in due anni. Inoltre, si intende riqualificare una serie di fondazioni di proprietà della città con l'obiettivo di cambiare la destinazione d'uso in attività commerciali, l'investimento della città sarà pari a 80 milioni di euro in quattro anni. Si prevede infatti, che la trasformazione della zona centrale in pedonale e la creazione di un'area ZTL con nuovi mezzi pubblici elettrici possa portare il numero di PM10 sotto i limiti dannosi per la salute.

3. Far quadrare i conti condividendo le scelte in maniera comprensibile

I conti del comune destano però qualche preoccupazione al Sindaco e ai suoi assessori in quanto l'indebitamento accumulato a causa delle precedenti olimpiadi è abbastanza significativo e non permette l'accensione di nuovi mutui. Il Consiglio comunale si è riunito diverse volte per analizzare la situazione in modo da poter operare nel rispetto del patto di stabilità imposto, ricercando però di migliorare la situazione cittadina rispettando le promesse elettorali.

Il Consiglio si prefigge infatti di individuare la strada migliore per conciliare la realizzazione di tali investimenti con il mantenimento dell'equilibrio di bilancio, il preventivo e il consuntivo.

A tal proposito l'Assessore al Bilancio dott. Rondò, seguendo l'esempio di alcune città vicine sta valutando la possibilità di coinvolgere il cittadino nella scelta. Per farlo ha fatto realizzare in collaborazione con l'Università un opuscolo di poche pagine chiamato Popular Financial Reporting [2] in cui evidenzia i principali elementi economici e patrimoniali partendo dal Bilancio Consolidato della città e comprensivo di risultati progettuali, risultati

---

[2] Nei Paesi anglofoni è diffusa una forma di rendicontazione sociale che ha caratteristiche di trasparenza e comprensione anche per chi non si occupa di norma della valutazione economica e dei servizi erogati. Tale rendicontazione è chiamata Popular Financial Reporting, rinominato Bilancio Pop.

quantitativi anche rispetto a quanto definito dagli obiettivi di ciascun assessore. La giunta comunale e l'assessore Rondò sperano che attraverso una comunicazione più trasparente dei risultati di bilancio sia possibile proporre:

- Aumento delle imposte, in particolare l'incremento dell'aliquota relativa alla tassa sui servizi indivisibili con un incremento dell'8 per cento rispetto all'anno precedente. Ciò potrebbe incidere sui consumi delle famiglie e sul benessere percepito.
- Dismissione di attività; da tempo si è diffusa in consiglio la volontà di dismettere (privatizzare) una serie di attività, alcune partecipate non più strategiche. La legge nazionale spinge anche la tendenza che il consiglio intende intraprendere, infatti non è più possibile mantenere partecipazioni, anche di minoranza, in società aventi per oggetto attività di produzione di beni e servizi non strettamente necessarie per il perseguimento delle proprie finalità istituzionali. Il Gruppo Pubblico tra le proprie partecipate aveva anche una partecipazione in percentuale di un porto nella città vicina e una percentuale nella società che gestisce e possiede il museo legato a una delle principali fabbriche oramai trasferite all'esterno della città (C.F.A. Spa). Per rendere appetibile il museo sarà necessario riqualificare la zona, che si trova adiacente all'area centrale della città. Per farlo si è pensato a all'aumento della zona ZTL (zona a traffico limitato) a pagamento per l'accesso nell'area ove al momento si trova il museo.

Il portafoglio partecipazioni detenute dal Comune è riepilogato nella seguente tabella (dati in Milioni di Euro):

Partecipata	**Azienda smaltimento rifiuti**	**Azienda per i trasporti**	**Società Museo C.F.A. Spa**	**Azienda gestione portuale**
Patrimonio netto	16	55	15	33
Fatturato	120	175	85	115
Risultato ultimo esercizio	6	– 3,5	1,5	0,5
Numero di dipendenti	1.544	4.545	45	3.500
Valore economico nelle condizioni attuali	18	65	16	30
Valore economico con operazioni di miglioramento	18	65	27	40

Esistono altre alternative come ad esempio la modifica delle tariffe relative ai diritti pagati al comune per l'istruttoria, verifica e gestione delle pratiche legate all'autorizzazione rilasciata dalla città per l'esercizio di alcune attività commerciali, e/o la variazione del canone per l'occupazione di spazi ed aree pubbliche di norma richiesta da bar e ristoranti per ampliare lo spazio della somministrazione e consumo di alimenti con l'installazione di Dehors.

	Tariffa attuale	**Numero di attività a inizio anno**	**Percentuale di incremento o decremento attività previsto in corso d'anno**
Estetisti	10	320	– 5%
Acconciatori	15	550	– 2%
Commercio al dettaglio su aree pubbliche	16	300	+ 15%

	Canone occupazione di spazi e di aree pubbliche	**Numero di attività**	**Metratura media cad. (in m^2)**	**Numero di attività che in corso d'anno si prevede incrementeranno la metratura richiesta**
Ristoranti	1,15 a m^2	160	200	+ 25%
Bar	1,15 a m^2	330	75	– 2%

Sono al vaglio ulteriori possibilità che contemplano il mix delle diverse alternative.

Finito di stampare nel mese di settembre 2019
nella Stampatre s.r.l. di Torino
Via Bologna, 220